KUNSTMATIG VAN NATURE

Jos de Mul

Kunstmatig van nature

Onderweg naar *Homo sapiens 3.0*

© 2014 Stichting Maand van de Filosofie en Jos de Mul

Niets uit deze uitgave mag worden verveelvoudigd en/of openbaar gemaakt door middel van druk, fotokopie, microfilm, geluidsband of op welke andere wijze ook, zonder voorafgaande schriftelijke toestemming van de uitgever. *No part of this book may be reproduced in any way whatsoever without the written permission of the publisher.*

Omslagbeeld: Anita/Mimi, androïde robot uit de Zweedse sciencefictionserie *Real Humans*
© Auteursfoto achterzijde: Bob Bronshoff

ISBN 978 90 4770 650 2
NUR 730

www.demul.nl
www.lemniscaat.nl
www.maandvandefilosofie.nl

Inhoud

2024   7

DEEL I: KUNSTMATIG VAN NATURE   13

De kaalgeplukte haan van Plato   15
Over het universum, het leven en het bewustzijn   29
De driedimensionale mens   63
Homo sapiens 1.0 en 2.0   78

DEEL II: ONDERWEG NAAR *HOMO SAPIENS 3.0*   93

Extrahumanisme, transhumanisme, posthumanisme   95
Neurotica: het *zwermgeest*-scenario   101
Genetica: het *alien*-scenario   131
Robotica: het *zombie*-scenario   159

De eeuwig toekomstige   188

Bibliografie   193
Verantwoording en dank   205

Niets dan lof heb ik voor iedere vorm van scepsis waarop het mij geoorloofd is te antwoorden: 'Laat ons het maar proberen!' Maar van alle dingen en vragen die geen experiment toelaten, wil ik niets meer horen.
   – Friedrich Nietzsche, *De vrolijke wetenschap* (1882), aforisme 51

2024

De houding ten opzichte van pedofilie is de afgelopen decennia drastisch veranderd. Was er in de tweede helft van de twintigste eeuw nog sprake van toenemende tolerantie, in de eerste decennia van de eenentwintigste eeuw is die tolerantie sterk afgenomen. Dat kwam niet alleen tot uitdrukking in de strafmaat. Pedofielen werden na hun detentie steeds vaker uit hun woonomgeving verjaagd, waardoor hun maatschappelijk isolement toenam, en daarmee ook de kans op recidive, zelfs na een succesvolle therapeutische behandeling.

Sinds 2009 werd daarom, in navolging van Canada en de toenmalige Verenigde Staten, in ons land geëxperimenteerd met intensieve en langdurige begeleiding door buddy's, veelal vrienden uit de directe omgeving van de pedofiel. Hoewel deze begeleiding de kans op recidive aanmerkelijk verkleinde, bleek bij grootschalige toepassing het vinden van geschikte buddy's een bottleneck. Om die reden startte men in 2018 in Nederland een eerste experiment met een Japanse PedoBot®, een affectieve, androïde robot die speciaal voor deze buddy-taak is ontworpen. Doel van deze sociale robot is om recidive te voorkomen. De robot fungeert niet alleen als 'maatje', maar monitort ook 24 uur per dag de bewegingen van de cliënt en diens emotionele gesteldheid. Indien nodig kan de PedoBot therapeutisch interveniëren. Hij is uitgerust met therapeutische programmatuur, afgestemd op de individuele behoeften en het risicoprofiel van de cliënt. Wanneer zich van de zijde van de cliënt ongewenst gedrag voordoet en psycho- en neurotherapeutische interventies onverhoopt geen effect hebben, schakelt de PedoBot de politie in en geeft de geografische en emotionele coördinaten van de cliënt door.

Een van de opvallendste bevindingen van het PedoBot-experiment is de sterke emotionele hechting van de zijde van de cliënten. Volgens deskundigen is dit niet zozeer toe te schrijven aan een variant op het Stockholmsyndroom, maar veeleer aan de geavanceerde empathische vermogens van de PedoBot. Hierdoor bleef de gevreesde agressie, zoals die zich voordoet jegens de RiotBots die sinds enkele jaren worden ingezet om demonstranten en voetbalsupporters in toom te houden, bij de PedoBot achterwege. Ook zijn er, anders dan na de introductie van de TerroBots na de aanslag met het gemodificeerde Spaanse griepvirus op het vliegveld Charles de Gaulle in 2015, nauwelijks rechtszaken aangespannen vanwege inbreuk op de emotionele privacy. En ook de vrees voor dehumanisering, die in 2016 ontstond toen Minister van Veiligheid en Preventie Teeven in het eerste kabinet-Wilders de JailBots in gevangenissen introduceerde, bleek onterecht. Integendeel, zowel bij de JailBot als bij de PedoBot ontstonden er van de zijde van de crimi-cliënten vriendschappelijke of zelfs liefdevolle gevoelens jegens hun robot, hoewel deskundigen vanwege het niet-wederkerige karakter van deze relaties liever van 'para-affectieve hechting' spreken.

Waar de introductie van de PedoBot in 2018 op brede maatschappelijke acceptatie kon rekenen, stuitte de in 2020 voorgestelde vervanging van virtuele kinderporno door pedoïde robots op grote maatschappelijke weerstand. En dat terwijl de ervaringen met synthetische vormen van kinderporno, in 2015 mogelijk gemaakt door de wijziging van artikel 240b van het Wetboek van Strafrecht, door de spectaculaire daling van kindermisbruik bijzonder positief waren. Hoewel het experiment met de PedoBot Junior (in de volksmond al snel omgedoopt tot de LolitaBot) volgens deskundigen een verdere daling belooft, doen deze uiterst realistische kindrobots volgens critici het onderscheid tussen werkelijk en virtueel misbruik vervagen en ondermijnen zij tevens het vermogen tot morele zelfbeheersing. De ethicus prof. dr. Harry Bouhari, prominent lid van het Christen-Islamitische Appèl, pleitte om die reden tevergeefs voor een algeheel verbod op androïde robots.

Het pleidooi van Bouhari staat niet los van andere problemen met sociale robots. Zo ontstond er in 2019 grote maatschappelijke beroering nadat een criminele bende een gehackte androïde RiotBot had ingezet bij een bankoverval, waarbij drie dodelijke slachtoffers waren gevallen. Vooral het feit dat de bende erin was geslaagd de onkraakbaar geachte Eerste Wet van Asimov ('Een robot mag een mens geen letsel toebrengen of door niet te handelen toestaan dat een mens letsel oploopt') buiten werking te stellen, leidde tot veel commotie. Ook het onderzoek naar Shanghai Persuasive Technologies, waarbij aan het licht kwam dat dit bedrijf op grote schaal Memory-Morphing-technologieën (waarmee via TeleTouch Smartphones onbewuste verlangens worden geïmplementeerd in het brein van de gebruiker) aan het Europese bedrijfsleven leverde, droeg bij aan de groeiende kritiek op de verdere ontwikkeling van roboïde aanpassingen bij de mens. En dan is er het schrikbeeld van de 'verBorging van het individu', zoals die sinds 2019 in Noord-Korea plaatsvindt door het implanteren van een Juche-neurochip in de hersenen van alle pasgeborenen. Deze ontwikkelingen hebben in de Verenigde Staten van Noord-Europa geleid tot strenge wetgeving met betrekking tot persuasieve neurotechnologie.

In de Christelijke Staten van Amerika (CSA) heeft dit in 2021 zelfs geleid tot een algeheel verbod op affectieve en persuasieve technologieën. En na de desastreus verlopen experimenten met correctieve genetica in Rusland dringt de regerende Tea Party er bij president Alvarez op aan deze vorm van humane genetica eveneens wettelijk te verbieden. Volgens Amerikaanse deskundigen is PedoProfiling minstens zo effectief. Maar vanwege de hoge kosten van het preventief interneren van potentiële pedofielen gaan er in de CSA inmiddels stemmen op om pedofielen en andere categorieën pathologische mutanten naar Mars te verbannen. Nu de eerste ruimtevlucht naar deze planeet dankzij de door De Mol Entertainment ontwikkelde *Struggle For Life Show* een groot succes is geworden, is dit slechts een van de vele plannen om Mars commercieel te exploiteren. Grootschalige emigratie naar deze planeet lijkt door het wereldwijde succes van synthetisch vervaardigde voeding en brandstoffen voorlopig geen realiteit te worden, en daarom wordt er naarstig gezocht naar nieuwe verdienmodellen. De Wereldraad heeft in reactie op deze plannen echter gewaarschuwd dat Mars door het Amerikaanse pedofielendeportatieprogramma het 'Australië van de eenentwintigste eeuw' dreigt te worden. Te meer omdat ook de gebrekkige AI-wetgeving met betrekking tot buitenaardse telerobots de Wereldraad grote zorgen baart.

Ook Nederland heeft inmiddels ervaring opgedaan met de onbeheersbaarheid van met biochips uitgeruste robots. Een van de schokkendste gevallen, in 2019, was het seksueel misbruik van een groep kleuters in Nijmegen door een van slag geraakte PedoBot Junior. Het verscherpte de reeds bestaande tegenstelling tussen

Hubby's en Echte Mensen, zoals voor- en tegenstanders van sociale robots wel worden genoemd naar de succesvolle Zweedse sciencefictionserie *Real Humans* die tussen 2013 en 2018 werd uitgezonden. De openbare 'demontage' van de dader, volgend op de rechtszaak die de ouders van de misbruikte kinderen tegen Samsung hadden aangespannen, leidde tot felle demonstraties tegen deze robotonterende straf in Seoul, Tokio en diverse andere Aziatische steden.

De kans dat EmoBots uit de Verenigde Staten van Noord-Europa zullen worden geweerd, is echter niet erg groot. Al was het maar vanwege het overweldigende succes van de Koreaanse androïde LoveBots, die hun opmars in de tweede helft van het vorige decennium begonnen in de illegale prostitutie en de porno-industrie, maar die inmiddels, net als in de Democratische Han Republiek, steeds vaker als vaste partner worden gekozen. En in navolging van Japan, waar dit gebruik reeds in het begin van dit millennium zijn aanvang nam, zijn ook in Nederland de eerste robotpartners officieel ten grave gedragen.

Het is dan ook niet zo gek dat de in 2019 opgerichte Partij voor de Robots in haar verkiezingsprogramma heeft gepleit voor het opnemen van robotrechten in de Noord-Europese Grondwet. Of het net zover zal komen als in Japan, waar in 2020 de eerste androïde robot in het parlement werd verkozen, wordt door velen betwijfeld. De onlangs aangenomen restrictieve wetgeving inzake het gebruik van proefrobots in cyboneurologisch onderzoek, maakt evenwel duidelijk dat sinds de introductie van affectieve robots ook in Nederland de omgang met intelligente artefacten langzamerhand aan het verschuiven is.

De mens is kunstmatig van nature.
  – Helmuth Plessner (1975, 383)

DEEL I
Kunstmatig van nature

De kaalgeplukte haan van Plato

Over de cynicus Diogenes (403-323 v.Chr.) ging in de Oudheid het verhaal dat hij ooit een voordracht van Plato bijwoonde, waarin de beroemde Atheense filosoof de mens definieerde als 'een ongevederd wezen dat zich voortbeweegt op twee benen'. Volgens de overlevering snelde Diogenes vervolgens naar de markt om daar een kaalgeplukte haan te kopen. Bij terugkeer in de Academie smeet hij de haan voor Plato's voeten onder de uitroep: 'Zie hier de mens van Plato!'

Het is niet zeker of deze anekdote op waarheid berust, maar zoals Aristoteles al heeft opgemerkt in zijn *Poëtica* bevatten fictieve verhalen vaak meer waarheid dan waargebeurde. In ieder geval leert deze anekdote ons enkele interessante zaken over de vraag naar de mens. Het verhaal laat om te beginnen zien dat de vraag naar de mens al vroeg speelde in de westerse filosofie. Hoewel de term 'antropologie' in zijn huidige betekenis ('leer van de mens') pas vanaf de zestiende eeuw ingang heeft gevonden, stond zelfkennis van meet af aan hoog aangeschreven in de Griekse filosofie. Op de tempel van Delphi stond *Gnothi seauton* geschreven, 'Ken uzelf', en deze oproep was ook de lijfspreuk van Plato's leermeester Socrates. Het niet-onderzochte leven was volgens Socrates niet de moeite waard geleefd te worden.

In de gehele Helleense en Romeinse filosofie bleef 'de zorg voor zichzelf' een centrale plaats innemen. Ook in de christelijke Middeleeuwen werd de vraag gesteld, zij het dat deze diep verstrengeld geraakte met religieuze vraagstukken. In de moderne filosofie kwam de vraag naar de mens opnieuw in het centrum van de aandacht te staan. Zo stelde Kant aan het eind van de achttiende eeuw dat de drie kernvragen van de filosofie – 'Wat kan ik weten? Wat moet ik doen? Wat mag ik hopen?' – in laatste instantie terugvoeren naar de meer fundamentele vraag: 'Wat is de mens?' (Kant 1981, 448)

Bij elk van de genoemde filosofen is de vraag naar de mens niet alleen van theoretisch belang, maar heeft zij ook een praktische betekenis. Het zelfonderzoek waartoe Socrates oproept, beoogt niet alleen kennis over 'de' mens op te leveren, maar wordt bovendien als onontbeerlijk gezien voor 'het goede leven'. Zonder kennis van wie wij zijn en wat wij kunnen worden, ontberen we de leidraad die ons in staat stelt ons leven niet uitsluitend passief te ondergaan, maar het tevens actief te leiden. Dat inzicht vormt de *basso continuo* in de geschiedenis van filosofische zelfbezinning. Ook bij Kant is de abstract geformuleerde vraag 'Wat is de mens?' onlosmakelijk verbonden met de voorafgaande vragen naar wat wij kunnen weten, moeten doen en mogen hopen.

De anekdote over Plato en Diogenes illustreert echter ook dat de vraag 'Wat is de mens?' niet zo eenvoudig te beantwoorden is. 'Geen beschrijving', zo verzucht Montaigne in zijn *Essays* (1580), 'is zo moeilijk als die van het eigen zelf' (Montaigne 2004, 442). Vaak worden we zo door ons alledaagse leven in beslag genomen, dat we niet toekomen aan zelfonderzoek. Ook is er de neiging dergelijk onderzoek uit de weg te gaan als het pijnlijke waarheden over onszelf of de menselijke conditie dreigt te onthullen. We zijn er meesters in onszelf om de tuin te leiden en te bedriegen. Maar zelfs als we op ons best zijn en de moed kunnen opbrengen onszelf met open vizier tegemoet te treden, staan we voor een lastige taak. Daarvoor zijn ten minste drie redenen te noemen.

Ten eerste is het menselijk leven zo veelzijdig, dat het niet meevalt een omvattende definitie te geven of aan te geven welke eigenschappen de mens tot mens maken. Behoort het feit dat we ons op twee benen voortbewegen, zoals Plato in zijn definitie stelde, tot het wezen van de mens? Diogenes maakte zich vrolijk om die definitie, maar vanuit een modern-evolutionair perspectief bezien is de bepaling van de mens als een kale tweevoeter zo gek nog niet. Door de rechtopgaande houding verschoof bij de mens de nadruk van het reukvermogen naar de visuele waarneming. Dat is wellicht ook de reden waarom de eeuwige Ideeën bij Plato niet worden geroken, maar aanschouwd, en waarom visuele metaforen nog altijd domineren in wetenschap en filosofie. Als een hond zou filosoferen, dan zou hij de wereld ongetwijfeld in heel wat geuriger termen beschrijven dan Plato, zoals ook Patrick Süskind dat doet in zijn roman *Das Parfum*.

Hondse denkers. *Het is misschien niet helemaal toevallig dat Plato's definitie wordt verworpen door een 'hondse' filosoof als Diogenes. Het Griekse* kunikos *betekent 'honds' en werd waarschijnlijk* *gebruikt om de leefwijze van filosofen als Diogenes, die naar werd beweerd als zwervers op straat leefden en van de grond aten, te bespotten. Later werd de term door de cynici als een geuzennaam overgenomen. In het vervolg van dit essay zal ik Diogenes regelmatig het woord geven als er reden is voor scepsis ten aanzien van deze of gene uitspraak over de mens.*

Plato lijkt dus met zijn definitie wel degelijk een typisch menselijke eigenschap te pakken te hebben. Zeker wanneer we bedenken dat door de rechtopgaande houding de handen vrij kwamen en aangewend konden worden voor het maken en gebruiken van werktuigen. Deze activiteit behoort volgens veel antropologen met de taal tot de meest onderscheidende kenmerken van de mens.

Een tweede reden waarom het zo moeilijk is om zelfkennis te verwerven, is dat we onszelf *te* dicht op de huid zitten. Dat is een van de redenen waarom we onszelf vaak definiëren in vergelijking met dingen buiten onszelf. Zo definieert Plato de mens door erop te wijzen dat hij zich door zijn tweevoetigheid en ongevederdheid onderscheidt van andere dieren. Ook Aristoteles volgt deze weg in zijn *Ethica Nicomachea*, wanneer hij stelt dat de mens voeding en groei met planten en waarneming met andere dieren deelt, maar zich van beide onderscheidt door zijn rede (Aristoteles 1984, II, 1735). Het vergelijken van de sterfelijke mens met de onsterfelijke goden is eveneens een populaire strategie. Vaak worden in de poging de mens te situeren in de 'great chain of being' (Lovejoy 1936) deze beide perspectieven gecombineerd. Zo stelt Kant dat de ethische plicht om onze zinnelijke neigingen te onderwerpen aan redelijke principes, ons onderscheidt van zowel dieren als engelen, aangezien die ethische plicht voor redeloze dieren onmogelijk en voor zuiver geestelijke wezens als engelen onnodig is.

Mede dankzij Darwins evolutietheorie heeft de klassieke vergelijking van mens en dier een hernieuwde actualiteit gekregen, hoewel nu eerder de overeenkomsten dan de verschillen op de voorgrond treden en bijvoorbeeld ook aan chimpansees en andere primaten een vorm van moraliteit wordt toegeschreven (zie De Waal 2007). Opvallend is bovendien dat in de moderne tijd ook machines en andere menselijke artefacten op de voorgrond treden als vergelijkingsmodel. Zo stelt Descartes in de zeventiende eeuw dat dieren in feite niets meer zijn dan ingewikkelde machines, terwijl de mens daarenboven gekenmerkt wordt door een immateriële geest. En zijn leerling La Mettrie gaat in *De mens een machine* (1748) nog een stap verder door ook de mens te reduceren tot een ingewikkelde machine (La Mettrie 1978). Met de ontwikkeling van de informatietechnologie is vooral de computer de spiegel geworden waarin we onszelf herkennen.

Daarmee zijn we aanbeland bij de derde reden waarom het zo lastig is onszelf te definiëren. De vraag naar de mens mag dan eeuwig zijn, het antwoord blijkt nogal eens te veranderen. Dat komt niet alleen doordat de spiegel waarin we onszelf bekijken en daarmee ons zelfbeeld voortdurend verandert in de loop van de geschiedenis, maar ook doordat de mens – 'de grote experimentator met zichzelf' (Nietzsche 1980, 131) – met iedere grote technologische en culturele innovatie ook *zichzelf* transformeert. De beheersing van het vuur, de landbouw, de huisvesting, het schrift en de computer hebben niet alleen de leefwereld van de mens ingrijpend veranderd, maar ook de menselijke natuur. De technologische en culturele supplementen die de mensheid in de loop van haar biologische evolutie en cultuurgeschiedenis heeft geschapen, zijn onlosmakelijk verbonden met de *condition humaine*. In die zin is de mens van meet af aan een cyborg geweest. Om die reden duidt Helmuth Plessner, de belangrijkste grondlegger van de twintigste-eeuwse wijsgerige antropologie, de mens aan als *kunstmatig van nature* (Plessner 1975, 383).

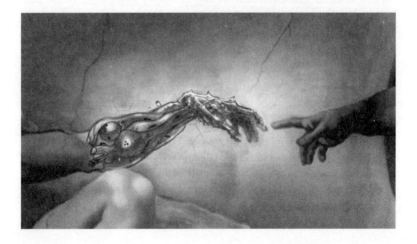

Vooruitgang in incompetentie?
Er is nog een vierde reden waarom de filosofische vraag naar de mens zo lastig is te beantwoorden, en dat is de overmaat aan empirische kennis die de menswetenschappen in de afgelopen eeuwen hebben vergaard. Wanneer we vandaag de dag de vraag naar de mens stellen, dan zijn we niet langer uitsluitend op filosofische reflecties aangewezen. Filosofie staat minder dan ooit alleen in haar studie van de mens. De natuurwetenschappen onderzoeken het menselijk lichaam en de materiële basis van menselijk gedrag en geestelijke activiteiten, de sociale wetenschappen bestuderen de regelmatigheden in individueel en sociaal gedrag van mensen, en de geesteswetenschappen interpreteren de culturele uitingen van de mens.

De genoemde wetenschappen waren ooit integraal onderdeel van de wijsbegeerte. Ze hebben zich pas de afgelopen eeuwen van de filosofie afgescheiden als zelfstandige disciplines met eigen methoden en technieken. Wie het brede terrein van de menswetenschappen overziet, kan zich zelfs afvragen of er nog wel ruimte overblijft voor een zelfstandige filosofische reflectie op de mens. Een hedendaagse Diogenes zou kunnen opmerken dat de filosofische antropologie een beetje lijkt op die kaalgeplukte haan van Plato. De filosoof Odo Marquard stelt met zelfspot vast dat de lange geschiedenis van de filosofische reflectie op de mens lijkt te worden gekenmerkt door een indrukwekkende vooruitgang in incompetentie (Marquard 1981, 23-38). Als er nog een taak voor de filosofie zou zijn, dan zou die volgens sceptici vandaag de dag vooral bestaan in een historisch onderzoek naar de mensbeelden die in de loop van de geschiedenis in onze en overige wereldculturen de revue zijn gepasseerd. Hoewel de vruchten van dat onderzoek vaak bijzonder lezenswaardig zijn, behoren ze toch eerder tot de ideeëngeschiedenis dan tot het filosofische zelfonderzoek zoals Socrates en Plato dat voorstonden.

De conclusie dat de rol van de filosofie zou zijn uitgespeeld, is echter voorbarig. Ook in het tijdvak van de empirische menswetenschappen zijn er belangrijke taken voor de filosofie weggelegd. Filosofen functioneren niet zelden als 'conceptuele stuntlieden' die met behulp van de verbeelding, gedachte-experimenten en stoutmoedige speculaties nieuwe ideeën introduceren, die vervolgens door empirische wetenschappers kunnen worden getoetst. Toen Descartes in de zeventiende eeuw de toen opzienbarende stelling poneerde dat dieren niets meer zijn dan ingewikkelde machines, droeg hij conceptueel bij aan de ontwikkeling van de moderne geneeskunde en robotica. En meer recent hebben filosofische gedachte-experimenten over 'breinen in vaten' en 'geesten in computers' een belangrijke bijdrage geleverd aan de conceptuele ontwikkeling van de cognitieve (neuro)wetenschappen.

Daarnaast is er een belangrijke taak voor de wijsgerige antropologie weggelegd als een integrerende wetenschap die de verwarrende veelheid aan inzichten uit de natuurwetenschappen, sociale wetenschappen en geesteswetenschappen systematiseert en onder de noemer van een overzichtelijk mensbeeld brengt. Gezien de enorme specialisering en de daarmee gepaard gaande versplintering van die wetenschappen in de afgelopen decennia, is dat een zinvolle onderneming. Als we bedenken dat er sinds het verschijnen van de eerste wetenschappelijke tijdschriften in de zeventiende eeuw wereldwijd ongeveer vijftig miljoen wetenschappelijke artikelen zijn verschenen en dat er inmiddels ieder jaar nog eens anderhalf miljoen bijkomen in meer dan vijfentwintigduizend wetenschappelijke tijdschriften, dan lijkt dat echter ook een nogal overmoedige ambitie te zijn. Maar beter ten halve verdwaald, dan in het geheel niet geprobeerd!

De filosoof die tegenwoordig wil reflecteren op de mens, kan er in ieder geval niet omheen grondig kennis te nemen van de bevindingen van het wetenschappelijk onderzoek naar de mens. Het gaat hier overigens niet om eenrichtingsverkeer. Behalve als leverancier van nieuwe ideeën en concepten heeft de filosofie ook een kritische rol te spelen ten opzichte van de wetenschap. Bijvoorbeeld door empirische theorieën te toetsen op hun conceptuele uitgangspunten en hun logische consistentie. De filosoof vervult in zulke gevallen vaak de rol van een 'cynische horzel', die de waan van de dag doorprikt of wijst op het wel erg doorzichtige karakter van de nieuwe kleren van de keizer.

Een recent voorbeeld daarvan vormt de kritiek die Douwe Draaisma uitte op de bestseller *Wij zijn ons brein*, waarin de neuroloog Dick Swaab allerlei menselijke kenmerken, zoals de (vrije) wil, moraal en religie, op een nogal ongenuanceerde wijze reduceert tot breinprocessen – 'Alles wat we denken, doen en laten gebeurt door onze hersenen' (Swaab 2010) – en zich bovendien niet al te veel gelegen laat liggen aan het onderscheid tussen 'is' en 'ought'. 'Meer dan een huppeltje is het voor hem [Swaab] niet om van de late rijping van de prefrontaalkwab terecht te komen bij de berechting van pubers', aldus Draaisma (Draaisma 2011, 11). Een hedendaagse Diogenes zou naar de markt snellen om anderhalve kilo hersenen te kopen.

Het zojuist gegeven voorbeeld brengt ons bij de normatieve opgave van de filosofie. Empirisch onderzoek kan ons weliswaar veel leren over de werking van het menselijk lichaam, de functie van menselijk gedrag en de betekenis van culturele uitingen, maar het biedt geen richtlijnen met betrekking tot de normatieve beoordeling van de feiten. In veel gevallen valt dat niet zo op, omdat de normatieve beoordeling vanzelfsprekend lijkt te zijn. Als we in de krant lezen dat dankzij een nieuwe gentherapie voorkomen kan worden dat patiënten die lijden aan de oogziekte *choroideremia* blind worden, dan lijkt het evident dat we die kennis moeten toepassen (MacLaren e.a. 2014). Normatief-ethische vragen komen dan pas op wanneer bijvoorbeeld de keuze moet worden gemaakt of bijzonder dure therapieën al of niet opgenomen moeten worden in de ziektekostenverzekering. Bij sommige andere toepassingen doemt de normatieve vraag op of we ze überhaupt wel moeten toepassen. Wat te denken van het onderdrukken van agressie door medicatie of *deep brain stimulation*, het verbeteren van cognitieve prestaties door genetische modificatie of het implementeren van een chip in het brein, of het therapeutische gebruik van een PedoBot®?

Daarbij stuiten we niet alleen op ethische vraagstukken, maar vooral ook op normatief-antropologische vragen met betrekking tot wat het betekent om mens te zijn. Hoewel de wijsgerige antropologie er primair op gericht is te beschrijven wat de mens tot mens maakt en – anders dan de normatieve ethiek – geen uitspraken doet over hoe de mens zou moeten leven, heeft iedere beschrijving van wat de mens *is* onvermijdelijk een normatieve pointe. Wanneer we spreken over menselijke vrijheid en autonomie, over liefde, seksualiteit, godsdienst of lifestyle, dan klinken daarin steeds bepaalde wereldbeschouwelijke (ethische, religieuze, esthetische) normen, waarden en idealen door.

Normatieve oordelen veranderen vaak met de ontwikkeling van de menselijke levensvorm. Waar Plato de opkomst van het schrift met argwaan bezag, omdat hij van mening was dat het geheugen tot het wezen van de mens behoort en het schrift dit vermogen ondermijnt, daar zullen wij nu eerder geneigd zijn analfabetisme als een tekort te beschouwen. En waar nog niet zo heel lang geleden een levenslange dienstbetrekking werd beschouwd als een teken van stabiliteit en betrouwbaarheid, daar is nu flexibiliteit de norm. Het zou naïef zijn te veronderstellen dat ons oordeel over zaken als *deep brain stimulation*, genetische modificatie en herzenimplantaten in de loop van de tijd niet zal veranderen. Aanvankelijke argwaan zal geleidelijk overgaan in acceptatie en domesticatie van deze technologieën.

Speculatieve antropologie

Hoewel de menselijke levensvorm altijd in ontwikkeling is geweest, dagen de spectaculaire groei van de moderne wetenschap en de daarmee verbonden technologieën de huidige mens meer dan ooit uit, zowel theoretisch als praktisch. In de eerste plaats nopen zij tot een bijstelling van de vaak nogal verheven voorstellingen die wij – mede door het christendom, dat leerde dat wij zijn geschapen naar het evenbeeld van God – van onszelf koesteren.

In zijn *Inleiding tot de psychoanalyse* spreekt Freud over drie grote krenkingen die de naïeve eigenliefde van de mensheid in de loop der tijden van de wetenschap heeft moeten dulden. De eerste krenking vond plaats toen de mensheid van Copernicus te horen kreeg dat onze aarde niet het middelpunt van het heelal is, maar een nietig deeltje van een in zijn omvang amper voorstelbaar kosmisch stelsel. De tweede krenking volgde toen Darwins biologische onderzoek uitwees dat de mens niet van goddelijke oorsprong is, maar afstamt van het dierenrijk en nooit los zal komen van zijn animale natuur. En de derde krenking, voegt Freud daaraan toe, niet gehinderd door al te grote bescheidenheid, is afkomstig van de psychoanalyse die leert 'dat het Ik niet eens baas in eigen huis is, maar blijft aangewezen op schamele berichten over wat zich onbewust in zijn zielenleven afspeelt' (Freud 2006, VII, 449).

Hoewel Freuds psychoanalyse niet altijd mag rekenen op warme bijval van cognitieve neurowetenschappers, is het opvallend hoezeer deze laatsten op dit punt in de voetsporen treden van Freud. Waar de mens bij Freud een speelbal is van het onbewuste, is hij bij neurowetenschappers als Swaab een speelbal van het brein. Sterker nog: waar Freuds psychoanalyse er nog van uitgaat dat ten minste een deel van hetgeen zich in het onbewuste afspeelt, bewust kan worden gemaakt, beschouwen veel hedendaagse neurowetenschappers zaken als bewustzijn en vrije wil als illusies.

De opkomst van de moderne wijsgerige antropologie rond 1900 kan begrepen worden als een reactie op de *theoretische uitdaging* die de door Freud genoemde krenkingen teweegbrachten. Deze noopten tot een radicale herbezinning op 'de plaats van de mens in de kosmos', zoals de titel luidde van een in 1928 gepubliceerd geschrift van Max Scheler – naast Plessner een van de grondleggers van de twintigste-eeuwse wijsgerige antropologie.

Nu, een kleine honderd jaar later, heeft zich bij deze theoretische uitdaging een niet minder radicale *praktische uitdaging* gevoegd. De ontwikkeling in de afgelopen decennia van (onder meer) nanotechnologie, biotechnologie, informatietechnologie en cognitieve technologie heeft ons een gereedschapskist vol nieuwe instrumenten in handen gegeven waarmee onze experimenteerdrift een nieuw en mogelijk beslissend stadium heeft betreden (Rathenau Instituut 2011). Deze steeds verder overlappende en versmeltende technologieën (die om die reden ook wel als convergerende technologieën worden aangeduid) en de daaruit voortgekomen disciplines als synthetische biologie, neurotechnologie, moleculaire geneeskunde, *ambient intelligence*, persuasieve technologieën en robotica hebben de mens tot de eerste soort in de evolutie van het leven op aarde gemaakt die in staat is zijn eigen evolutionaire opvolgers te scheppen.

Ik zal de genoemde technologieën in het vervolg aanduiden als *versmeltende technologieën*, omdat ze niet alleen versmelten met elkaar, maar ook met de (organische) mens. Die versmelting is reeds volop gaande. Onze omgang met de wereld om ons heen, onze medemensen en onszelf wordt in toenemende mate door informatietechnologieën gemedieerd, biotechnologieën zijn hun opmars in het menselijk lichaam begonnen en de koppeling van het menselijk brein aan computers en (tele)robots staat op het punt het experimentele stadium achter zich te laten. De schets van het leven in 2024 waarmee dit essay aanving, is een speelse proeve van sciencefiction, maar de technologieën die erin ter sprake komen, bestaan nu al of zijn op z'n minst in ontwikkeling. Ik noem enkele voorbeelden, zoals we ze regelmatig tegenkomen in de wetenschapsbijlage van de krant.

In het sterk vergrijzende Japan, dat kampt met een groot gebrek aan werkers in de zorg en een restrictief immigratiebeleid heeft, hebben androïde robots inmiddels hun intrede gedaan in de ouderenzorg en de wereld van het amusement. De door Kazuhito Yokoi ontworpen HRP-4C (Miim voor intimi) is regelmatig als mannequin te zien op de catwalk om bruidskleding te showen. Ze kan ook bevallig dansen en zingen, en als we de televisieserie *Real Humans* mogen geloven (hierover later meer), zal erotische programmatuur robots als Miim tot een groot commercieel succes maken.

De androïde robot HRP-4C (Miim).

Wat de ontwikkeling van de neurotechnologie betreft, laat het resusaapje Idoya zien wat ons te wachten staat, door vanuit een laboratorium in Durham, Verenigde Staten, met zijn gedachten de androïde robot CB-1 in Kyoto aan te sturen. Neurowetenschapper Miguel Nicolelis bevestigde elektroden diep in de hersenen van Idoya en registreerde daarmee de activiteit van de neuronen tijdens de beweging van de aap. Deze informatie stuurt via het internet de robot in real time aan. Een kleine stap voor de robot, maar een gigantische stap voor Idoya en binnenkort waarschijnlijk ook voor Marsonderzoekers. En op dit moment sturen de eerste volledig verlamde menselijke dwarslaesiepatiënten hun robotarm en computer aan met hun gedachten (Neergaard 2011).

In 2001 werd bekend dat er in de Verenigde Staten tot dat moment ongeveer dertig genetisch gemodificeerde baby's waren geboren, waarvan vijftien in het kader van een experimenteel programma. Het ging daarbij om veranderingen in de *germline*, dat wil zeggen mutaties die worden overgedragen op het nageslacht. Hoewel in 2008 alle therapeutische en op verbetering gerichte *germline*-modificaties werden verboden in de meeste landen die lid zijn van de OECD (Organisation for Economic Co-operation and Development), heeft de Engelse regering in 2013 aangekondigd deze techniek opnieuw toe te staan (Darnovsky 2013). En waarom stil blijven staan bij het leven zoals we dat kennen? In 2012 maakte een internationaal team van genetici zes alternatieve varianten van het DNA, de macromoleculen waarin het 'bouwplan' van al het leven is 'geschreven'. Waar de natuurlijke selectie ooit de motor was van de evolutie op aarde, daar lijken we met deze *alien genetics* definitief het tijdperk van de kunstmatige selectie te hebben betreden.

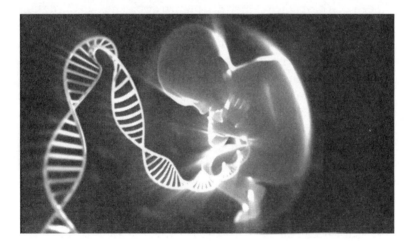

In het licht van de theoretische en praktische uitdagingen waarvoor de versmeltende technologieën ons plaatsen, dient zich een nieuwe taak aan voor de wijsgerige antropologie. Als 'speculatieve antropologie' dient zij zich niet langer uitsluitend te richten op wat mensen zijn, maar ook op wat zij kunnen worden (Keijzer 2010, 69-70). Een dergelijke speculatieve antropologie mag niet verward worden met voorspellende wetenschap. De reden is eenvoudig: de toekomst laat zich niet voorspellen. Speculatieve antropologie dient veeleer begrepen te worden, om een uitdrukking van de schrijver Robert Musil te gebruiken, als een *oefening in mogelijkheidszin* (Musil 1978, I, 22). Zij exploreert de mogelijke wegen die de ontwikkeling van menselijke levensvormen kan inslaan. Welke van de geschetste scenario's realiteit zullen worden, is onvoorspelbaar. Naar alle waarschijnlijkheid zal de toekomst nog weer anders uitpakken dan de scenario's die de speculatieve antropologie bedenkt. Maar als oefening in mogelijkheidszin scherpt zij ons bewustzijn van de fundamentele keuzes waarvoor de versmeltende technologieën ons plaatsen.

De speculatieve antropoloog kan overigens niet om het even wat beweren. De scenario's die hij ontwikkelt moeten om te beginnen logisch mogelijk zijn. Een scenario waarin de mensheid voortleeft en tegelijkertijd uitsterft, valt om die reden af (tenzij men zou uitgaan van het bestaan van parallelle universa, waardoor beide mogelijkheden tegelijkertijd waar kunnen zijn). De te ontwikkelen scenario's dienen zich bovendien af te spelen binnen de parameters van de huidige wetenschappen en technologieën. Hoe leuk het ook is te fantaseren over reizen in de tijd of *hyperjumps* door de vierdimensionale ruimte, dit valt – tenminste voorlopig en misschien wel voor altijd – buiten het domein van de speculatieve antropologie.

Dat de toekomst onvoorspelbaar is, betekent overigens niet dat je daarover helemaal niets zou kunnen zeggen. Hoewel het onmogelijk te voorspellen is welke technologieën in de komende decennia het licht zullen zien of hoe het politieke landschap er over tien jaar zal uitzien, laten zich, wanneer we de tijdschaal oprekken, wel bepaalde tendensen onderscheiden.

Zo laat de geschiedenis van de mensheid een voortdurende expansie zien van het woongebied. Het geslacht *Homo*, tweeënhalf miljoen jaar geleden ontstaan in Oost-Afrika, heeft zich als gevolg van de bevolkingsgroei over de hele aarde verspreid. Als die bevolkingsgroei zich voortzet, is het redelijk te veronderstellen dat die expansie zich zal uitbreiden naar andere planeten. Er wordt nu al volop gewerkt aan Mars One, een ambitieus plan dat ernaar streeft om in 2023 mensen op Mars te laten rondlopen.

Het is ook plausibel te veronderstellen dat de *outsourcing* van cognitieve functies aan artefacten, een proces dat met het schrift zijn aanvang nam en met de computer een nieuw stadium is ingegaan, zich in de toekomst zal voortzetten. Ook zien we dat bepaalde patronen zich voortdurend, op telkens andere niveaus, herhalen. Zo laten zich, ondanks het feit dat concrete gebeurtenissen zich niet laten voorspellen, wel degelijk toekomstige tendensen articuleren. Onze toekomst ligt in onze herkomst verborgen. Dit inzicht ligt ten grondslag aan de structuur van dit essay: deel I gaat over onze evolutionaire herkomst, waarbij ik de grote greep van de *big history* niet zal schuwen, en vormt daarmee het fundament voor deel II over onze toekomst.

In het eerste deel zal ik aan de hand van actuele wetenschappelijke inzichten met grove penseelstreken de geschiedenis van het universum, het leven op aarde en het menselijk bewustzijn schetsen. Gezien het onderwerp van dit essay zal ik de aandacht daarbij vooral richten op de ontwikkeling van de archaïsche *Homo sapiens* (die ik hierna als *Homo sapiens* 1.0 zal aanduiden) tot aan de *Homo sapiens sapiens* die wij zijn (*Homo sapiens* 2.0). Daarbij zal ik enkele opvallende tendensen in deze ontwikkeling toelichten aan de hand van de door Plessner geformuleerde antropologische grondwetten.

Tegen die achtergrond zal ik vervolgens drie scenario's presenteren die van *Homo sapiens* 2.0 leiden naar *Homo sapiens* 3.0. In elk van deze scenario's is de focus gericht op een van de dominante versmeltende technologieën. Het *zwermgeest*-scenario knoopt aan bij neurotechnologie en exploreert het extrahumane streven naar een versmelting van mens en computer en het langs deze weg creëren van een collectieve intelligentie. Het *alien*-scenario knoopt aan bij de biotechnologie en focust op de genetische modificatie van de mens in de richting van transhumane levensvormen. In het *zombie*-scenario, ten slotte, ga ik in op de ontwikkeling van posthumane, dat wil zeggen voorbij de mens voerende levensvormen in de robotica.

Hoewel ik bij elk scenario aandacht zal besteden aan 'nut en nadeel' van de besproken technologieën voor het leven, ben ik er in dit essay niet op uit een oordeel te vellen over de gepresenteerde scenario's. Nog minder is het mijn opzet de lezer deze of gene vorm van extrahumanisme, transhumanisme of posthumanisme aan te bevelen. Hoewel ik geen principiële bezwaren heb tegen mensverbetering, ben ik, in lijn met wat Plessners antropologische grondwetten onthullen over de onbeheersbaarheid van de technologie en de onrealiseerbaarheid van utopische verlangens, tamelijk sceptisch over al te grote verwachtingen hieromtrent. Het is aan de lezer te beoordelen welke van de extrahumane, transhumane en posthumane strategieën we actief moeten bevorderen en welke we – om te voorkomen dat we een 'haan in de zak' kopen – juist moeten zien te vermijden. Zeker is evenwel dat we ons als 'eeuwig toekomstigen' (Nietzsche 1980, 131) niet aan dit ontzaglijke experiment zullen kunnen onttrekken.

Neurotica
Extrahumanisme

Genetica
Transhumanisme

Robotica
Posthumanisme

Homo sapiens 1.0   Homo sapiens 2.0   Homo sapiens 3.0

Over het universum, het leven en het bewustzijn

In vergelijking met de bijna veertien miljard jaar oude geschiedenis van het universum en de bijna vier miljard jaar oude geschiedenis van het leven op aarde heeft de mens nog maar heel recent het wereldtoneel betreden. Toch kunnen we onszelf en onze toekomst niet goed begrijpen wanneer we de dimensie van de 'diepe' tijd buiten beschouwing laten. De atomen waaruit ons lichaam is opgebouwd, vinden hun oorsprong in de formatie van sterren en planeten. Onze fundamentele levenskenmerken gaan terug op de eerste primitieve cellen die diep in de oceaan of de aarde zijn ontstaan. Zelfs ons trotse zelfbewustzijn heeft een geschiedenis die ver voor de evolutie van mensachtigen aanvangt.

Als we ons willen bezinnen op de toekomst van de mens, vormt deze drievoudige herkomst een goed uitgangspunt. Niet dat we daarmee een antwoord op alle vragen kunnen geven. Onze herkomst doordringt ons ook van het besef dat we een drievoudig mysterie zijn, aangezien het ontstaan van de materie, het leven en het bewustzijn nog altijd met vele raadselen is omgeven.

Van niets naar iets: de oorsprong van het universum

Ik herinner me nog goed hoe ik als kind op een avond, terwijl ik in mijn bed door het dakraam naar de sterren lag te kijken, plotseling werd overvallen door de vraag waarom de wereld er is. Het was een tamelijk heftige ervaring. Waarom zijn er eigenlijke sterren, planeten, dieren en mensen, terwijl ze er toch ook niet zouden kunnen zijn? Terwijl er ook *niets* zou kunnen zijn? Zijn al de genoemde dingen er altijd al geweest of zijn ze ooit ontstaan? En zo ja, hoe was dat mogelijk, als er eerst niets was? Hoe kan iets uit niets ontstaan?

Iedere lezer zal zich vroeg of laat in zijn leven dergelijke vragen wel eens hebben gesteld. Ze zijn van alle tijden en culturen. Religies en wereldbeschouwingen hebben van oudsher gepoogd antwoorden te formuleren. Een vaak voorkomend antwoord luidt dat wij onze wereld en ons bestaan te danken hebben aan een goddelijke Schepper. Ik ben met de christelijke versie van dat antwoord opgegroeid. Mijn ouders zijn christelijk gedoopt en hoewel zij geen kerkgangers waren, plaatsten zij mij, om me iets van die traditie mee te geven, op een hervormde lagere school. Daar begon iedere schooldag met een 'Bijbelse les'. Ik hou van goede verhalen en heb die lessen dan ook nooit als een straf ervaren, maar het scheppingsverhaal uit de Bijbel kon me niet overtuigen. Want als God de schepper van de wereld is, waar komt Hij dan in godsnaam zelf vandaan? Volgens de bovenmeester, die ik regelmatig met dergelijke vragen lastig viel, was God er 'altijd al geweest'. Maar dat antwoord kon me niet bevredigen. Dan kun je immers net zo goed stellen dat de wereld zelf er altijd al is geweest, en heb je het idee van een scheppende God helemaal niet nodig. Met die overwegingen zette ik 'het scheermes van Ockham' in mijn religieuze ontwikkeling: je moet nooit meer dingen aannemen dan nodig is voor een verklaring.

Turtles all the way down. *Je zou natuurlijk kunnen beweren dat God op zijn beurt ook weer is geschapen, maar daarmee kom je terecht in een oneindige regressie. Over het algemeen wordt aangenomen dat zo'n regressie-argument het probleem niet oplost. Een legendarisch voorbeeld van iemand die weigerde 'het scheermes van Ockham' te hanteren, is het oude dametje dat ooit bij de Amerikaanse filosoof en psycholoog William James een lezing volgde over moderne kosmologie. Zij hoorde James' uiteenzetting over de in de ruimte zwevende planeten en bracht daartegen in dat dit onmogelijk was en dat de aarde in werkelijkheid op de rug van een gigantische schildpad rustte. Toen James haar vroeg waar die schildpad dan op rustte, antwoordde ze dat deze schildpad op de rug van een nog grotere schildpad stond. Toen James vervolgens vriendelijk informeerde waarop deze tweede schildpad dan stond, riep ze triomfantelijk: 'It's no use, Mr. James: it's turtles all the way down.' We zullen hierna nog zien dat sommige neurowetenschappers ook wel weg weten met dergelijke schildpadden.*

Omdat ik niet veel aanleg bleek te hebben voor religie, ging ik na de lagere school naar een openbare scholengemeenschap, waar de Atheneum-Bèta-opleiding mij een degelijk wetenschappelijk wereldbeeld aanmat. Sinds die tijd ga ik, wanneer ik word geplaagd door vragen omtrent de oorsprong van het universum, te rade bij de kosmologie, de tak van de natuurwetenschappen die zich richt op de bestudering van de bouw en evolutie van het heelal. Ook de moderne kosmologie heeft een fraaie 'oorsprongsmythe' in de aanbieding, en anders dan religieuze scheppingsverhalen wordt dit verhaal ook nog eens ondersteund door een veelheid aan wetenschappelijke feiten.

De huidige wetenschappelijke opvatting over de oorsprong van het heelal ontstond in de jaren twintig van de vorige eeuw naar aanleiding van de waarneming van de astronoom Hubble dat het heelal voortdurend uitzet. Terugrekenend in de tijd kwamen astrofysici tot de conclusie dat het heelal moet zijn ontstaan uit een singulariteit, een punt zonder volume, maar met een oneindige dichtheid. Nu kennen we in de natuur geen oneindige grootheden, en wanneer in een fysische theorie een mathematische singulariteit voorkomt, betekent dat eigenlijk dat de theorie onvolledig is. We moeten die singulariteit dus met een korreltje zout nemen.

Wat we wel weten is dat die mysterieuze begintoestand ongeveer 13,8 miljard jaar geleden met een 'Oerknal' – *Big Bang*, een spotnaam die een geuzennaam werd – in relatief korte tijd expandeerde tot het heelal zoals we dat nu kennen. Omdat volgens deze theorie ook ruimte en tijd met de Oerknal ontstonden, is de vraag wat er vóór die knal gebeurde waarschijnlijk een onzinnige vraag. In ieder geval geeft de huidige Oerknaltheorie geen antwoord op de vraag naar het hoe en waarom van die 'singulariteit' waarmee alles is begonnen.

Over de vraag hoe de toekomst van het heelal eruitziet, bestaat weinig overeenstemming. Volgens sommige kosmologen zal het heelal oneindig blijven expanderen en daardoor steeds verder afkoelen. De aanwezige energie moet dan immers over een steeds groter volume worden verdeeld. Deze theorie veronderstelt dat de hoeveelheid energie constant blijft. Dit wordt echter door andere kosmologen betwijfeld, aangezien het ook mogelijk is dat er met de uitdijing van het heelal telkens nieuwe energie wordt gecreëerd.

Een derde groep kosmologen stelt dat het universum als gevolg van de Tweede Hoofdwet van de Thermodynamica op een bepaald moment – het natuurkundige vocabulaire is hier nogal antropomorf – 'een warmtedood zal sterven'. Daarmee wordt bedoeld dat op een gegeven moment alle warmte gelijk verdeeld zal zijn over het heelal, waarna er geen veranderingen meer zullen optreden. Dat veronderstelt overigens wel dat in het heelal alles met alles in contact staat, en dat is opnieuw een vooronderstelling die omstreden is.

Een vierde theorie stelt dat het heelal door de zwaartekracht op een bepaald moment weer zal instorten, en dan met een 'Grote Gruizel' (*Big Crunch*) 'het leven zal laten'. Mocht dat laatste het geval zijn, dan kunnen we ons gelukkig prijzen dat dit nog miljarden jaren zal duren. Volgens nog weer een andere opvatting zou dit proces van uitzetten en krimpen van het heelal zich oneindig herhalen.

Het is opvallend dat we in veel religies analoge opvattingen aantreffen. In het christendom heeft de wereld eveneens een beginpunt (Schepping) en een eindpunt (Laatste Oordeel). Andere religies en wereldbeschouwingen, zoals hindoeïsme en boeddhisme, gaan uit van een periodieke schepping en vernietiging van het universum. Dit idee treffen we aan het begin van de westerse cultuur overigens ook aan bij de presocraat Herakleitos, de eerste filosoof die het woord *kosmos* ('orde') gebruikte om het universum aan te duiden en die ervan uitging dat deze orde periodiek door vuur wordt vernietigd, om daarna weer opnieuw te ontstaan.

Ook Herakleitos-fan Nietzsche speelt met een vergelijkbaar idee in zijn leerstuk van de Eeuwige Wederkeer van het Gelijke. Gegeven een eindig aantal deeltjes in de kosmos en een oneindige tijd, zo redeneerde Nietzsche, zou iedere constellatie van deeltjes (zoals die bijvoorbeeld bestaat op het moment dat de lezer deze regel leest) zich tot in het oneindige herhalen. Nietzsches leerstuk had daarbij overigens eerder een praktisch dan een theoretisch oogmerk: leef zo dat je zou willen dat ieder moment zich tot in het oneindige zou herhalen.

De Eeuwige Rondgang van de Carrousel. *Zo leven dat je zou willen dat ieder moment van je leven zich tot in het oneindige zou herhalen, is niet eenvoudig. Voor de meesten zal zo'n ervaring zich slechts hoogst zelden voordoen, alleen wanneer we een 'piekervaring' beleven. Dat hoeven geen spectaculaire gebeurtenissen te zijn, zoals het beklimmen van de Mount Everest of een verliefdheid die je* *hele wereld op z'n kop zet. Een dergelijke ervaring kan ons ook toevallen tijdens kleine, op het eerste gezicht banale of onbeduidende gebeurtenissen.*

Zo staat mij een bijzondere beleving in het geheugen gegrift die mij overkwam toen ik, bijna vijfentwintig jaar geleden, met mijn toen driejarige dochter Elize de kermis bezocht in een naburig dorp. Het was een regenachtige, doordeweekse middag en de troosteloze sfeer die er rond de handvol verlaten kraampjes en attracties hing, nodigde eerder uit tot een depressie dan tot een piekervaring. Ondanks of misschien wel dankzij die mistroostige stemming was het moment in de Rupsbaan dat de huif zich boven onze hoofden sloot en Elize haar armen om mijn hals sloeg en zich angstig-genietend aan mij vastklemde, van een overweldigende intensiteit en schoonheid. Als dit moment zich tot in het oneindige zou blijven herhalen, zo schoot mij tijdens die rondgang in de carrousel te binnen, zou ik onmiddellijk tekenen voor de Eeuwige Wederkeer van het Gelijke.

Bij nader inzien lijken die verschillende modellen van de geschiedenis van het heelal hun inspiratie mede te vinden in onze alledaagse ervaring van het leven. Mensen en andere organismen worden geboren en sterven, en we zijn geneigd dergelijke ervaringen te projecteren op het universum. Wie zich oriënteert op het individuele leven, zal geneigd zijn de geschiedenis van het universum ook als een unieke, eenmalige geschiedenis op te vatten. Wie zich daarentegen oriënteert op de opeenvolging van de seizoenen, op het periodieke sterven en opnieuw geboren worden van de natuur, zal wellicht eerder geneigd zijn deze 'eeuwige cirkelgang van het leven' ook aan de kosmos toe te schrijven.

Zal de wetenschap er ooit in slagen een definitief antwoord te geven op het mysterie van het ontstaan van het universum? Als we ervan uitgaan dat de mens een product is van de evolutie van het leven op aarde, dan dienen we te beseffen dat het menselijk kenvermogen zich in de eerste plaats heeft ontwikkeld als orgaan in dienst van ons overleven in een voortdurend veranderende omgeving. Dat kenvermogen hebben we vervolgens, en niet zonder succes, aangewend om wetenschappelijke theorieën over het universum op te stellen. In de natuur komt dergelijk creatief hergebruik van bestaande structuren – evolutiebiologen spreken van exaptatie (Gould & Vrba

1982) – vaak voor. Zo hebben de veren van vogels, die aanvankelijk als functie hadden de lichaamstemperatuur te reguleren, deze tweevoeters in staat gesteld te vliegen.

Zoals de kip –een notoir slechte vlieger– ons leert, zijn adaptaties echter lang niet altijd succesvol. En zo is het ook nog maar de vraag of het menselijk kenvermogen de grote mysteries van het universum, het leven en het bewustzijn ooit zal kunnen ontraadselen. Het is allerminst uitgesloten dat dit altijd mysteries voor ons zullen blijven, die we slechts in hun ondoorgrondelijkheid kunnen overdenken. Mogelijk is het voorrecht om die mysteries volledig te doorgronden, voorbehouden aan onze evolutionaire opvolgers. Dat neemt niet weg dat weinig dingen zo leuk zijn als daar flink over te speculeren. En wie daarvan houdt, is niet meer alleen aangewezen op de metafysica of sciencefiction, maar kan daarvoor tegenwoordig ook uitstekend terecht bij de kosmologie!

Multiversa. Er was een tijd dat het woord 'universum' (en de synoniemen heelal en kosmos) 'alles wat er is' betekende. In de kosmologie en astrofysica zijn de afgelopen decennia ook diverse theorieën geopperd waarin wordt gesteld dat 'ons' universum er slechts één uit vele zou zijn. In zijn boek The Hidden Reality: Parallel Universes and the Deep Laws of the Cosmos *geeft de fysicus Brian Greene een overzicht van de verschillende multiversa-voorstellen die er in de afgelopen decennia zijn gedaan op basis van waarnemingen en theorievorming op het gebied van het allerkleinste, de wereld van de subatomaire deeltjes, en het allergrootste, het ons omringende heelal (Greene 2011).*

Volgens sommige van die theorieën kent ons universum vele dubbelgangers in ruimte en tijd. Volgens de eerste variant herhaalt het universum zich tot in het oneindige in de ruimte, terwijl volgens de tweede (die we ook bij Herakleitos en Nietzsche aantroffen) het universum eindig is, maar zich voortdurend herhaalt in de tijd. Volgens een derde variant is ons universum slechts één bubbeltje in een oceaan van universa, waarbij de andere universa principieel ontoegankelijk zijn, terwijl in een vierde alle mogelijke werelden die de kwantummechanica toestaat, tegelijkertijd zijn gerealiseerd.

Een variant van dat laatste idee treffen we ook aan in het korte verhaal 'De tuin met zich splitsende paden' van de Argentijnse schrijver Jorge Luis Borges. In dit verhaal exploreert Borges het idee dat ons levenspad zich ieder moment splitst in een oneindig aantal verschillende mogelijke toekomsten. Het verhaal handelt over een oneindig boek dat dezelfde titel als het korte verhaal draagt en dat tegelijkertijd een labyrintische tuin blijkt te zijn. De sinoloog Stephen Albert, een van de personages in het verhaal, legt het boek als volgt uit aan de ik-figuur:

> De tuin met zich splitsende paden is een onvolledig maar niet vals beeld van het heelal volgens de opvatting van Ts'ui Pên. Anders dan Newton en Schopenhauer geloofde uw voorvader niet in een gelijkvormige, absolute tijd. Hij geloofde in oneindige tijdseries, in een groter wordend, duizelingwekkend net van divergerende, convergerende, en evenwijdige tijden. Dit kluwen van tijden die dichterbij komen, zich splitsen, elkaar snijden of elkaar eeuwenlang niet kennen, heeft alle mogelijkheden in zich. In het merendeel van die tijden bestaan wij niet; in enkele bestaat u en besta ik niet; in andere ik en u niet; in andere allebei. In deze tijd, die mij een gunstig lot beschoren heeft, bent u naar mijn huis gekomen. In een andere heeft u mij toen u door die tuin liep, dood aangetroffen; in een andere zeg ik deze zelfde woorden, maar ben ik een vergissing, een schim.
> (Borges 1973,144-45)

In deze borgesiaanse wereld bezitten wij kortom niet langer één levensverhaal, maar veeleer een levensdatabase, een virtuele verzameling van alle mogelijke gebeurtenissen in ons leven. Wat wij een levensverhaal noemen, is dan in feite niet meer dan één enkel pad door de database van het leven. Hierna zullen we zien dat Borges daarmee vooruitloopt op het leven in het tijdperk van de big data.

Over wat er gebeurde na die mysterieuze Oerknal, kan de kosmologie ons wel het nodige vertellen. Onmiddellijk na de Oerknal was het heelal zeer compact en heet, en materie en energie waren nog niet te onderscheiden. In een fractie van een fractie van een seconde (tussen 10^{-33} en 10^{-32} seconde) werd het jonge universum 'opgeblazen' van de omvang van een atoom tot de grootte van een compleet sterrenstelsel. Terwijl het zich zo met een enorme snelheid uitzette, koelde het sterk af en viel het uiteen in verschillende 'dingen' en 'krachten', zoals de zwaartekracht en elektromagnetische krachten. In die eerste seconde van het universum ontstonden ook de quarks, de bouwsteentjes waaruit atoomkernen zijn opgebouwd, en daaruit werden de eerste protonen, neutronen en elektronen gevormd. Een paar seconden na de Oerknal bestond het universum als geheel uit plasma, een mengsel van energie en geladen subatomaire deeltjes, ongeveer zoals de kern van onze zon nu.

Pakweg 400.000 jaar later was het universum ver genoeg afgekoeld om uit die bouwstenen de eenvoudigste atomen te vormen: waterstof en helium. Doordat deze atomen anders dan de kleinere bouwstenen elektrisch neutraal waren, kon de elektromagnetische straling (waaronder het licht) nu voor het eerst vrij door het universum reizen. In deze tijd ontstonden ook de zogenaamde donkere materie en energie, zaken die tot op heden niet goed waargenomen en begrepen worden. Door de zwaartekracht die zij uitoefenen op het zichtbare deel van het heelal weten we echter dat zij bestaan en mogelijk tot 95% ervan uitmaken.

Hoewel het universum aanvankelijk erg simpel was en uit niet veel meer bestond dan enorme wolken waterstof en helium, maakten de zwaartekracht en het feit dat er kleine verschillen in dichtheid optraden, dat er op sommige plaatsen steeds hogere concentraties ontstonden, waardoor de hitte daar lokaal toenam tot meer dan 10 miljoen graden Celsius en de waterstofatomen fuseerden, zoals dat ook in een waterstofbom gebeurt. Als gevolg daarvan lichtten, ongeveer 200 miljoen jaar na de Oerknal, de eerste sterren op. Door de zwaartekracht ontstonden vervolgens ook de eerste sterrenstelsels, die zich in nog weer grotere formaties over het universum verspreidden.

Maar ook sterren hebben niet het eeuwige leven. Als de brandstof is uitgeput, komt aan hun levenscyclus een eind. Voor de geschiedenis van het universum is dat een belangrijk gegeven, aangezien daarbij andere chemische elementen ontstaan. Kleine sterren branden langzaam hun waterstof op en doven relatief rustig uit. Middelgrote sterren zoals onze eigen zon (die 4,5 miljard jaar geleden is ontstaan en daarmee nu halverwege zijn levenscyclus is) vormen ook tal van andere elementen, zoals koolstof, stikstof, zuurstof, silicium en ijzer, die vervolgens de ruimte in worden geslingerd. Het meest spectaculair zijn de hele grote sterren, die in een seconde instorten alvorens te exploderen tot een supernova, waarbij de zwaardere chemische elementen, zoals goud, lood en uranium, worden gevormd.

Onze zon ontstond toen een klein deel van een enorme moleculaire wolk onder invloed van de zwaartekracht instortte. Het grootste deel van de massa concentreerde zich in het centrum en vormde de zon. De rest vormde een zonnenevel waaruit de planeten, manen en asteroïden zijn ontstaan. Lang is gedacht dat het feit dat er planeten om onze zon draaien tamelijk uitzonderlijk is, maar inmiddels is duidelijk dat ongeveer tien procent van de vele miljarden sterren in het heelal planeten bezitten.

In de eerste 500 miljoen jaar van de geschiedenis van onze aarde – naar de Griekse God van de onderwereld Hades het Hadeïcum genoemd – was het aardoppervlak vloeibaar en zeer heet. De zwaarste elementen zoals nikkel en ijzer zakten naar de kern, terwijl waterdamp, stikstof, waterstof, methaan, waterstofsulfide en koolmonoxide vanuit de kern naar de oppervlakte kwamen en daar de oeratmosfeer van de aarde vormden. Door de afkoeling stolde de buitenste laag van het vloeibare gesteente en vormde deze het supercontinent Pangea, dat later uiteen zou vallen in de continenten zoals we die nu nog kennen (en die, zoals een blik op de wereldkaart leert, als puzzelstukken in elkaar passen). In diezelfde periode condenseerde de waterdamp en vormden zich de eerste oceanen. Daarmee was het toneel gereedgemaakt voor een volgende beslissende stap in de geschiedenis van de aarde, en wie weet zelfs van het hele universum: het ontstaan van leven.

Voordat we ons daarover zullen buigen, wil ik nog een moment stilstaan bij de schaal van het universum. Aangezien onze ruimtelijke en temporele coördinaten zijn afgestemd op de planeet waarop we leven, valt het ons niet mee de omvang van het universum te vatten. De afstanden tussen de sterren in ons universum gaan geheel voorbij aan de menselijke maat. Ze zijn namelijk letterlijk astronomisch. Maar met een klein gedachte-experiment kunnen we wel enig besef ontwikkelen van de onmetelijkheid van het heelal. Christian illustreert dit aardig in zijn *big history*-boek *Maps of Time* door voor te rekenen hoe lang het zou duren wanneer we met een huidig intercontinentaal vliegtuig, dat zich met zo'n 500 mijl (ca. 885 km) per uur voortbeweegt, naar de dichtstbijzijnde hemellichamen zouden vliegen. Een tochtje naar de maan zou met 18 dagen nog wel te doen zijn, maar een reis naar de zon zou al snel 20 jaar vergen, terwijl Jupiter 82 en Pluto, de buitenste planeet van ons zonnestelsel, 750 jaren reistijd zouden kosten. Voor een tochtje naar de dichtstbijzijnde ster, Alpha Centauri, zouden we 4,3 lichtjaar, dat wil zeggen 5 miljoen jaar moeten uittrekken, meer dan twee keer de evolutie van het geslacht *Homo*. Wanneer we bovendien bedenken dat Alpha Centauri slechts één van de ca. 100 miljard sterren in onze Melkweg is, en dat er naar schatting meer dan 100 miljard sterrenstelsels zijn, dan beginnen we pas werkelijk te beseffen hoe nietig wij zijn in het gigantische universum (Christian 2004, 54).

Dat besef van volstrekte nietigheid wordt nog versterkt wanneer we ook de tijdschaal erbij betrekken. Als we de ruim dertien miljard jaar lange geschiedenis van het universum zouden voorstellen als een jaar, dan verschijnt de huidige mens pas op 31 december op het wereldtoneel, een paar minuten voordat het vuurwerk om twaalf uur 's nachts begint. Maar het moet gezegd dat er dan ook wel een opmerkelijk oudejaarsfeestje losbarst in ons bijna verwaarloosbaar kleine uithoekje in het universum.

De oorsprongen van het leven

Vanaf het moment dat het eerste leven op aarde tot ontwikkeling komt tot aan het ontstaan van de mens, gaat er nog bijna 4 miljard jaar voorbij. Voor velen is de oorsprong van het leven net zo'n mysterie als het ontstaan van het heelal. Toch is het mysterie van leven beter toegankelijk voor een wetenschappelijke verklaring dan het ontstaan uit het niets waarmee het universum zijn aanvang nam. Organismen zijn immers opgebouwd uit elementen die al vóór het ontstaan van het leven ruimschoots voorhanden waren in het heelal, zoals koolstof, waterstof, zuurstof en stikstof. Dat betekent niet dat de vraag *hoe* uit dergelijke relatief simpele, levenloze elementen complexe levende organismen zijn ontstaan, eenvoudig te beantwoorden zou zijn, maar we hebben in ieder geval een idee waar we het antwoord moeten zoeken.

Op de vraag naar de oorsprong van het leven werden tot aan de negentiende eeuw twee verschillende antwoorden gegeven. Het eerste knoopt aan bij het idee van de goddelijke Schepper, en stelt dat deze na het scheppen van het universum zijn creatie bevolkte met planten, dieren en mensen. Net als bij de vraag naar het ontstaan van het universum is dit beroep op een *Intelligent Designer* nogal problematisch, aangezien het onmiddellijk de vraag oproept wie deze ontwerper dan heeft ontworpen.

Het tweede type antwoord probeert een natuurlijke verklaring voor het ontstaan van het leven te geven. Een vroeg voorbeeld daarvan vinden we bij Aristoteles, die in *Over dieren* stelde dat leven spontaan ontstaat uit dode materie. Als voorbeeld noemde hij onder meer het ontstaan van maden in rottend vlees (Aristoteles 1984, I, 852 e.v.). In 1765 weerlegde de Italiaanse bioloog Spallanza deze theorie door bouillon door verhitting te steriliseren en in een luchtdichte fles te bewaren. Aanhangers van de theorie dat er onzichtbare 'levenskrachten' bestaan die via de lucht dode materie tot leven brengen, waren door Spallanza's experiment niet overtuigd, aangezien ze van mening waren dat door het afsluiten van de fles de levenskrachten de bouillon niet konden bereiken.

Louis Pasteur zou in 1862 het pleit beslechten met een elegant experiment. Hij maakte een zwanenhalsvormige uitgang in een vat steriele bouillon, waardoorheen de levenskrachten, als zij zouden bestaan, de bouillon zouden kunnen bereiken. Toen dat niet gebeurde, concludeerde Pasteur daaruit dat leven alleen uit leven kan ontstaan. Maar daarmee doemde natuurlijk wel de vraag op hoe het eerste leven dan is ontstaan. Het is niet zonder ironie dat recent natuurwetenschappelijk onderzoek naar *the origins of life* net als Aristoteles tot de conclusie komt dat het leven spontaan is ontstaan. Alleen ditmaal niet uit rottend vlees of bouillon, maar uit de oersoep, een mengsel van organische stoffen en water dat 3,8 miljard jaar geleden is ontstaan door chemische reacties in de oeratmosfeer van de aarde.

> **The origins of life.** *Het onderzoek naar de oorsprong van het leven is een relatief jong en klein onderzoeksgebied, dat echter, mede door financiële ondersteuning vanuit het* NASA *Exobiology Program, in de afgelopen decennia snel is gegroeid. De eerste internationale conferenties vonden plaats in 1957 (Moskou) en 1963 (Wakulla Springs, Florida) en sinds 1970 organiseert de International Society for the Study of the Origin of Life – inmiddels gefuseerd met de Astrobiology Society – elke drie jaar een International Conference on the Origin of Life (*ICOL*).*

De organisatie is verantwoordelijk voor Origin of Life and Evolution of Biospheres, *het belangrijkste tijdschrift op dit gebied, terwijl de aangesloten onderzoekers ook regelmatig publiceren in andere tijdschriften, zoals* Science *en* Nature *en twee van hen – geneticus Jack Szostak en kristallografe Ada Yonath – in 2009 een Nobelprijs voor hun werk ontvingen. Inmiddels zijn er op verschillende plaatsen ter wereld gespecialiseerde onderzoekscentra opgericht, zoals het Szostak Lab (Harvard University) en het aan het Tokyo Institute of Technology gevestigde Earth-Life Science Institute (ELSI), dat wordt geleid door aardwetenschapper Kei Hirose (http://www.elsi.jp/en/).*

Bij het laatstgenoemde onderzoeksinstituut raakte ikzelf zijdelings betrokken tijdens mijn verblijf aan het Institute for Advanced Study (IAS) in Princeton in het najaar van 2012. Mijn gastheer daar, astrofysicus en leider van het Interdisciplinary Studies Program Piet Hut, was op dat moment samen met Hirose druk doende met de oprichting van dit volgens het IAS-model opgezette ELSI. Een dergelijk instituut heeft een kleine interdisciplinaire staf en een ruim budget voor 'visiting scholars' die daar kortere of langere tijd verblijven. Op basis van hun succesvolle aanvraag, waarbij ook Szostak werd betrokken, verwierf het ELSI ruim 50 miljoen euro aan subsidie van de Japanse regering voor de periode tot 2024. In januari 2013 had ik het genoegen samen met de fysicus Paul Davies en de biochemicus Jim Cleaves tot de eerste gasten te behoren en in het door sneeuwstormen geteisterde Tokio deelgenoot te worden van de inspirerende, door Piet Hut georganiseerde interdisciplinaire dialoog over the origins of life, *waaruit ik hier dankbaar put.*

De hernieuwde nadruk op de spontaneïteit van het leven heeft niet geleid tot een biologische variant van de Oerknaltheorie. Zoals al tot uitdrukking komt in het feit dat dit onderzoeksgebied wordt aangeduid met een meervoud (*the ORIGINS of life*), is de leidende gedachte dat de eigenschappen die het leven kenmerken afzonderlijk van elkaar tot ontwikkeling zijn gekomen, en dat 'het' leven zoals we dat nu op aarde kennen de resultante is van het samenkomen van die eigenschappen.

Dat maakt het onderzoek naar de oorsprong van het leven tot een bij uitstek interdisciplinair vakgebied waarin biologen nauw samenwerken met aardwetenschappers, astrobiologen en astrofysici. Te meer omdat de vraag naar de oorsprong van het leven niet alleen betrekking heeft op *hoe* het leven uit levenloze materie is ontstaan, maar ook *waar* en *wanneer* de cruciale gebeurtenissen hebben plaatsgevonden. Is het leven alleen op de aarde ontstaan of ook, en mogelijk al eerder, op andere plaatsen in het universum? Is het leven op de planeet aarde volstrekt uniek of bestaat het op miljoenen of wellicht zelfs miljarden andere planeten in het universum? En als er buitenaards leven bestaat, heeft het dan dezelfde kenmerken als het aardse leven, of is het denkbaar dat het heel andere kenmerken vertoont, bijvoorbeeld omdat het niet op koolstof maar op silicium is gebaseerd?

Deze vragen hebben ook een belangrijke filosofische dimensie, want als je de oorsprongen van het leven gaat onderzoeken, moet je natuurlijk wel enig idee hebben van waar je nu eigenlijk precies naar op zoek bent. Dat het niet eenvoudig is zich een adequaat begrip van het verschijnsel leven te vormen, maakt Noam Lahav duidelijk in zijn boek *Biogenesis: Theories of Life's Origin*, waarin hij niet minder dan 48 verschillende definities van leven de revue laat passeren en laat zien dat die elkaar slechts gedeeltelijk overlappen (Lahav 1999). Dat duidt op de complexiteit van het leven, die maakt dat het niet door één enkel kenmerk kan worden gedefinieerd. Het wordt veeleer gekenmerkt door een reeks functies, waarvan concrete levensvormen er meer of minder van kunnen bezitten (vgl. Wittgenstein 1975, §§ 66-67). De vraag of we aan een bepaald verschijnsel leven kunnen toeschrijven, kan dan niet langer altijd met een simpel ja of nee worden beantwoord, maar wordt in sommige gevallen – we kunnen daarbij bijvoorbeeld denken aan virussen of robots – een kwestie van gradatie.

Virussen. *Virussen vormen een klasse apart op aarde. Ze bezitten erfelijk materiaal in de vorm van* DNA- *of* RNA-*macromoleculen met daaromheen een beschermend pantser van eiwitten, en soms een virusomhulsel dat is gemaakt van stukken membraan van de gastheer. Virussen kennen (een vaak snelle) evolutie, maar zijn voor hun reproductie aangewezen op hun bacteriële, plantaardige of dierlijke gastheer. Virussen koppelen zich aan de gastheercel en wisselen daarmee genetisch materiaal uit of versmelten daarmee. Waar bij de* *reproductie van organismen erfelijk materiaal verticaal wordt doorgegeven, van generatie op generatie, daar spelen virussen een belangrijke rol bij de horizontale overdracht van erfelijk materiaal en bevorderen daarmee de genetische diversiteit van het leven. Doordat het virus zich vaak heel snel vermenigvuldigt in de gastheercel, kan dat leiden tot de dood van de cel of – bij meercellige organismen – zelfs van het hele organisme. Omdat virussen zichzelf niet kunnen vermenigvuldigen en ook een aantal andere kenmerken van cellen missen, worden ze vaak gesitueerd op de grens van levende en dode materie.*

Waaraan herkennen we levende wezens? In de eerste plaats aan het feit dat het georganiseerde gehelen zijn, waarbij de onderdelen in een functionele samenhang tot elkaar staan. Het 'levende ding' is door een grens (membraan, huid etc.) van de buitenwereld afgescheiden, maar dankzij prikkelbaarheid en stofwisseling (metabolisme) interacteert het met zijn omgeving om er de energie aan te onttrekken die noodzakelijk is voor de uitoefening van levensfuncties, zoals zelfregulering (homeostase), groei, variabele reproductie en aanpassing aan die steeds veranderende omgeving. Als werkdefinitie wordt vaak de formulering van exobioloog Gerald Joyce gehanteerd, die stelt dat leven een zichzelf onderhoudend chemisch systeem is dat in staat is darwiniaanse evolutie te ondergaan (Joyce 1995).

Omdat Darwins evolutietheorie een centrale plaats inneemt in alle levenswetenschappen en in mijn betoog nog herhaaldelijk aan de orde zal komen, sta ik er hier wat langer bij stil. Een van de kernbegrippen ervan is het principe van de natuurlijke selectie, door de filosoof Daniel Dennett in zijn boek *Darwin's Dangerous Idea* 'het beste idee dat iemand ooit heeft gehad' genoemd (Dennett 1995, 21). Dit idee is, zoals veel fundamentele ideeën, eigenlijk heel simpel. In de natuur, zo merkte Darwin op bij zijn vele veldstudies, is het aantal nakomelingen van organismen altijd groter dan het aantal dat zich tot volwassenheid ontwikkelt en zich reproduceert. Bij de reproductie doen zich bovendien altijd kleine verschillen voor tussen de nakomelingen. Sommige van die verschillen vergroten de kans op succesvolle reproductie en worden als gevolg daarvan overgedragen op de volgende generaties.

Volgens Darwin overleven door deze natuurlijke selectie de individuen en soorten die zich het beste weten aan te passen aan de steeds veranderende omstandigheden (*survival of the fittest*). Omdat Darwin niet op de hoogte was van de door zijn tijdgenoot Mendel ontdekte erfelijkheidswetten, kon hij niet verklaren hoe die eigenschappen worden overgeërfd en hoe daarbij verschillen tussen individuen ontstaan. Dat zou pas mogelijk worden met de ontwikkeling van de moleculaire genetica die volgde op de eerste adequate beschrijving van het DNA in 1953.

Het principe van de natuurlijke selectie bood Darwin echter wel inzicht in de evolutie van het leven van simpele naar steeds complexere levensvormen. Op het eerste gezicht lijkt zo'n evolutie namelijk nogal onwaarschijnlijk. De kans dat een ingewikkeld organisme als de mens door een toevallige combinatie van atomen zou kunnen ontstaan, is vele malen kleiner dan de kans dat een chimpansee achter een typemachine bij toeval het verzameld werk van Shakespeare zou typen.

The infinite monkey theorem. *In principe is het natuurlijk zo dat wanneer een aap maar lang genoeg op willekeurige wijze letters op papier zou typen, er ooit het moment zal komen dat het complete oeuvre van Shakespeare bij toeval achter elkaar op papier zal verschijnen. Het punt is dat je, om dat moment mee te maken, nogal wat geduld moet hebben. Zelfs de hoeveelheid tijd die nodig zou zijn*

om één enkel sonnet van Shakespeare op deze wijze tot stand te brengen, is al hyperastronomisch groot.

Laten we als voorbeeld het sonnet nemen dat begint met de regel 'Look in thy glass and tell the face thou viewest', en dat uit 572 letters en spaties bestaat. Uitgaande van de 26 letters in het Engelse alfabet en de spatie, is het aantal mogelijke combinaties van 572 leestekens 27^{572} ofwel ca. 5×10^{818}. Als je een aap aan die taak zou zetten en hij zou zonder pauze 120 aanslagen per minuut typen, dan zou het genoemde sonnet maar één keer in de 5×10^{813} jaar het licht zien. Die benodigde tijd is vele miljarden maal (om precies te zijn 5×10^{804} maal) de leeftijd van onze vijf miljard (5×10^9) jaar oude aarde. Je zou de kans natuurlijk kunnen vergroten door meer apen aan het werk te zetten, maar zelfs wanneer iedere atoom in het universum (volgens fysici zijn dat er ongeveer 10^{80}) een typende chimpansee zou zijn, dan nog zou de kans dat het beoogde sonnet van Shakespeare gedurende de 13,8 miljard jaar lange geschiedenis van het universum zou ontstaan, verwaarloosbaar klein zijn.

Een in 2003 aan de Universiteit van Plymouth uitgevoerd experiment waarbij zes zwarte makaken gedurende een maand de beschikking kregen over een computer, leert overigens dat er behalve aan de levensduur ook nog wat aan de motivatie van de apen zou moeten worden gesleuteld. De makaken gebruikten de pc voornamelijk als pispaal en produceerden in die maand met zijn zessen slechts vijf pagina's, die voornamelijk de letter 's' bevatten. Het werk is uitgegeven onder de titel Notes towards the Complete Works of Shakespeare *en is ook in een Franse, Duitse en Spaanse editie verkrijgbaar. Wie op deze titel zoekt op het internet, kan het werk gratis downloaden.*

Het principe van de natuurlijke selectie – het evolutionaire algoritme van variatie, selectie en reproductie – fungeert echter als een zeef die gunstige variaties vasthoudt en nadelige variaties verwerpt (Buskes 2006, 42-5). In een tijdsverloop van miljarden jaren kunnen er zo stapje voor stapje steeds complexere levensvormen ontstaan. Toeval en natuurlijke selectie werken daarbij nauw samen: het toeval stelt voor en de natuurlijke selectie beslist.

Je kunt dit proces vergelijken met het selecteren en behouden van de letters die de chimpansee per ongeluk goed typt. Wanneer we op een dergelijke manier te werk gaan, zo laat Richard Dawkins in *The Blind Watchmaker* aan de hand van een simpele computersimulatie van *ad random* typende apen zien, dan kunnen we de tijd die nodig is om de regel 'Methinks it is like a weasel' uit *Hamlet* te genereren, verkorten tot minder dan een half uur (Dawkins 1986, 46-50). Nu gaat – zoals Dawkins zelf toegeeft – de analogie met de natuurlijke selectie hier niet helemaal op, omdat er in zijn experiment sprake is van een kunstmatige selectie met het oog op het bereiken van een specifiek doel, de genoemde regel uit *Hamlet*. De natuurlijke selectie daarentegen is niet gericht op het realiseren van doelen. Bepalend is slechts het al of niet aangepast zijn van een eigenschap aan de omstandigheden van dat moment.

Hoewel alle biologen het erover eens zijn dat de natuurlijke selectie een noodzakelijke voorwaarde is om de evolutie te verklaren, wordt er sinds enkele decennia steeds vaker betwijfeld of het ook in alle gevallen een voldoende voorwaarde is. Wanneer het gaat om heel graduele ontwikkelingen, zoals de evolutie van het oog bij gewervelde dieren of van de hand bij primaten, lijkt de natuurlijke selectie (van minieme kwantitatieve verschillen in het nageslacht) inderdaad een voldoende verklaringsgrond te bieden. Maar in andere gevallen speelt de natuurlijke selectie zich af op een macroniveau. Zij heeft dan betrekking op complete bouwstenen, die het resultaat zijn van het zelforganiserende vermogen van de levenloze en levende materie (Kauffman 1993, Johnson en Lam 2010). De selectie werkt dan meer zoals Shakespeare zijn werken schreef. Anders dan de *ad random* typende apen husselde Shakespeare bij het schrijven van zijn sonnetten en toneelstukken immers niet op goed geluk letters door elkaar, maar maakte hij dankbaar gebruik van al bestaande bouwstenen die hem door de cultuur van zijn tijd werden aangereikt: complete woorden, syntaxicale regels, beeldspraak, religieuze voorstellingen etc. (Petrie 2011, 132).

Zelforganisatie doet zich in de natuur op vele niveaus voor, zowel in de levenloze als in de levende natuur (en zoals we later nog zullen zien, ook in groepen die uit vele individuen bestaan en in culturele en technische artefacten). Hier gaat het me vooral om de rol die zelforganisatie speelt bij het ontstaan van het leven. Nadat de vernietigende meteorietinslagen die het voorafgaande Hadeïcum hadden gekenmerkt, 3,8 miljard jaar geleden geleidelijk waren opgehouden en de aarde voldoende was afgekoeld, bevatte de aarde grote hoeveelheden voor het leven benodigde chemische elementen.

In een beroemd experiment uit 1953 toonden Harold Urey en Stanley Miller aan dat wanneer deze 'oersoep' (een mengsel van methaan, ammoniak, waterdamp en diwaterstof) aan elektrische ontladingen wordt blootgesteld, daaruit door spontane zelforganisatie van deze moleculen complexe aminozuren ontstaan. Deze vormen de bouwstenen waaruit eiwitten, de belangrijkste 'grondstof' van al het aardse leven, zijn samengesteld. Hoewel tegenwoordig wordt betwijfeld of de vroege atmosfeer wel precies de samenstelling had waar Urey en Miller van uitgingen, is er in navolging van hen inmiddels een groot aantal verschillende organische moleculen gesynthetiseerd. Daardoor is inzicht verkregen in hoe er op de jonge aarde – onder verschillende omstandigheden: op het aardoppervlak, diep in de oceaan, in vulkanen of in de atmosfeer – door zelforganisatie verschillende elementaire biomoleculen kunnen zijn ontstaan.

> **Zijn wij afkomstig van Mars?** *Het is heel goed mogelijk dat het leven op aarde afkomstig is van andere hemellichamen en met meteorietinslagen op aarde terecht is gekomen. In de jaren tachtig van de vorige eeuw werden op Antarctica brokstukken van de vier miljard jaar oude meteoriet ALH84001 gevonden. Onderzoekers claimden dat het van Mars afkomstige gesteente organische moleculen bevatte. Dat was groot nieuws, omdat het niet alleen zou aantonen dat Mars ooit leven heeft gekend en mogelijk nog bezit, maar het ook zou kunnen betekenen dat het aardse leven op Mars is begonnen. In dat geval zou de angst voor een invasie van Marsbewoners ongegrond zijn, omdat ze er allang zijn: wijzelf! Critici betwijfelen overigens of het organische materiaal in het gesteente wel afkomstig is van Mars en opperen dat de steen in de loop van zijn miljarden jaren durende geschiedenis vervuild is geraakt met van de aarde afkomstig organisch materiaal.*

Nu gaapt er nog een enorme kloof tussen dergelijke elementaire moleculen en de macromoleculen die we aantreffen in de cellen van organismen, zoals het DNA en het RNA. Dergelijke moleculen, die een cruciale rol spelen bij de reproductie van organismen, bestaan uit vele duizenden tot soms wel miljarden elementaire biomoleculen, die op een bijzonder complexe wijze zijn georganiseerd en met elkaar en hun omgeving interacteren. Ook hier speelt zelforganisatie een fundamentele rol.

Dat laat zich goed illustreren aan de hand van de wijze waarop vetten zich in een waterige omgeving organiseren. Vetmoleculen hebben aan de ene zijde een fosfaatgroep die hydrofiel (wateraantrekkend) is en aan de andere zijde een hydrofobe (waterafstotende) groep. Omdat vetmoleculen zoals alle moleculen streven naar de energetisch meest gunstige toestand, zullen zij in een waterige omgeving door dit 'ambivalente' karakter spontaan een dubbele laag moleculen vormen, met de hydrofiele zijde naar buiten gericht en de hydrofobe zijde naar binnen. Deze dubbele laag organiseert zich vervolgens spontaan in een bolvorm (vesikel), omdat daarin alle hydrofiele delen aan het water binnen en buiten de bol grenzen, terwijl de hydrofobe delen juist niet met het water in contact komen.

Een vesikel, bestaande uit vetten.

Een vergelijkbare structuur treffen we ook aan in de organische cel, de bouwsteen van het leven zoals we dat nu op aarde kennen. Iedere cel heeft namelijk een membraan dat de cel bijeenhoudt en daarmee de binnen- en buitenwereld van de cel scheidt. Het membraan reguleert het verkeer tussen die binnen- en buitenwereld, zoals bijvoorbeeld de opname van voedingsstoffen en de uitscheiding van afvalstoffen. De Italiaanse biochemicus Pier Luigi Luisi heeft experimenteel aangetoond dat de simpele vesikels die miljarden jaren geleden zijn ontstaan, onder bepaalde omstandigheden kunnen groeien door vetmoleculen van buiten in zich op te nemen. In andere gevallen werken ze als een autokatalysator en splitsen ze zich in tweeën (Luisi 2006, 206 e.v., vgl. Kauffman 1995). En meer recent slaagden de geneticus Jack Szostak en zijn team in Harvard erin, door vetten toe te voegen aan een mengsel van RNA-nucleotiden en kleipoeder, RNA-strengen te maken die spontaan werden omgeven door vehikels van vetten (Katarzyna en Szostak 2013). De vesikels die bij deze experimenten ontstonden, vertoonden daarmee behalve de voor het leven kenmerkende membraanvorm nog een aantal andere fundamentele levenskenmerken: metabolisme, groei en reproductie.

Het zou nog bijna twee miljard jaar duren voordat deze primitieve vesikels door het samenspel van zelforganisatie en natuurlijke selectie via de primitieve prokaryoten (eencellige organismen zonder celkern, zoals bacteriën) waren geëvolueerd tot de vele malen complexere, eukaryote cellen (eencellige organismen met een celkern, zoals gist). Dergelijke cellen bevatten allerlei verschillende van een eigen membraan voorziene organellen, die uiteenlopende taken uitvoeren met betrekking tot de belangrijke levensfuncties.

Bij meercellige organismen, die ruim een half miljard jaar geleden op het aardse toneel verschenen, zien we bovendien dat de cellen zich in toenemende mate differentiëren en specialiseren. Dit heeft geleid tot een enorme verscheidenheid aan levensvormen, die kunnen worden onderverdeeld in domeinen, rijken, hoofdgroepen (*phyla*), klassen, orden, families, geslachten en soorten. De schattingen van het aantal soorten lopen uiteen van drie tot meer dan honderd miljoen. Hoewel we ons soms anders gedragen, zijn we klaarblijkelijk niet alleen op de aarde!

Omdat succesvolle eigenschappen in de evolutie behouden blijven (*If it ain't broke, don't fix it*), delen wij veel kenmerken met andere aardse levensvormen. Net als eencellige gisten, meercellige schimmels, planten en andere dieren behoren we tot het brede domein van eukaryoten. Evenals de andere soorten in het dierenrijk zijn we met zintuigen uitgerust, kunnen we ons dankzij onze ledematen door onze omgeving verplaatsen en verkrijgen we de voor het leven onontbeerlijke energie door andere organismen op te eten en te verteren. Binnen het dierenrijk behoren we tot de stam van de chordadieren, meer bepaald tot de gewervelden (net als vissen, amfibieën, reptielen en vogels), en daarbinnen tot de klasse van de zoogdieren. Als zodanig zijn we warmbloedig en levendbarend, en worden onze kinderen gezoogd.

Binnen de zoogdieren behoren we tot de orde der primaten, waartoe ook halfapen en apen worden gerekend. Deze orde wordt gekenmerkt door grote hersenen, en anders dan bij andere zoogdieren is stereoscopisch zicht bij de primaten belangrijker dan geur (het is dus hier dat we de prille aanzet tot Plato's Ideeënleer kunnen situeren). Bovendien hebben we net als alle primaten opponeerbare duimen, wat onder andere van belang is bij het hanteren van instrumenten. Nog meer toegespitst behoren we tot de familie van de *Hominidae* (grote apen, mensachtigen ofwel hominiden), waartoe behalve de mens ook gorilla's, chimpansees, bonobo's en orangoetans behoren.

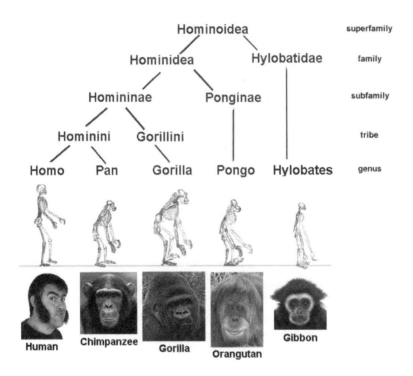

Het mysterie van het bewustzijn

Mede onder invloed van het christendom, volgens welk de mens is geschapen naar het evenbeeld van God, heeft de mens zich lange tijd ver boven de dieren verheven gevoeld. Zoals al blijkt uit de naam die we aan onszelf hebben geschonken – *Homo sapiens*, wijze mens – zijn we vooral trots op onze superieure intelligentie, die tot uitdrukking komt in typisch menselijke verworvenheden als taal, techniek, kunst, religie, moraal en niet in de laatste plaats ons (zelf)bewustzijn.

De evolutietheorie heeft evenwel een flinke schep roet in het eten gegooid en noopt ons onze uitzonderlijkheid te relativeren. Zaken die voorheen exclusief aan de mens werden toegeschreven, treffen we ook aan in het dierenrijk. Zo blijken onze naaste verwanten, de chimpansees, waarmee we 98,77% van ons DNA delen, net als wij werktuigen te gebruiken, en ook zij kennen rudimentaire vormen van culturele verscheidenheid, kunst, rituelen, symboolgebruik, zelfbesef en zelfs principes als rechtvaardigheid (De Waal 2007). Maar ook bij veel 'lagere' dieren treffen we opmerkelijke vermogens aan: bevers bouwen ingenieuze dammen, vlinders en vogels gebruiken hun kleurenpracht en zangtalent in de seksuele strijd om het bestaan, bijen stellen elkaar op de hoogte van de locatie van nectar door een bijzondere 'dans' en mieren leven in complexe sociale verbanden en doen al 50 miljoen jaar aan landbouw en veeteelt (Aanen en Boomsma 2006).

Natuurlijk betekent dat niet dat er zich geen belangrijke kwalitatieve transformaties hebben voorgedaan met betrekking tot de genoemde zaken. Dat geldt in het bijzonder voor het menselijke *zelfbewustzijn*. Als er iets is dat ons van andere dieren onderscheidt, dan lijkt het toch vooral dit vermogen te zijn. Het (zelf)bewustzijn is echter tegelijkertijd een van de grootste mysteries voor de wetenschap. Zeker, het ontstaan van het heelal is dat niet minder, maar daarbij kunnen we ons nog troosten met de gedachte dat we daar niet bij aanwezig waren en dat de overblijfselen van de Oerknal door de expansie van het heelal aan de grenzen van het zichtbare universum liggen. Wat het mysterie van het bewustzijn zo fascinerend maakt, is dat we het allemaal uit de eerste hand kennen en er in die zin heel vertrouwd mee zijn, terwijl het tegelijkertijd tot de meest ongrijpbare verschijnselen behoort die we kennen. Over de precieze aard, functie en herkomst van het bewustzijn bestaat heel weinig overeenstemming onder biologen, neurowetenschappers, psychologen en filosofen.

Tegenwoordig wordt wel algemeen aangenomen dat ook dieren een bepaalde mate van bewustzijn hebben. Omdat dieren geen taal kennen zoals mensen die hebben, zal hun bewustzijn ongetwijfeld anders zijn dan het onze. Zij hebben waarschijnlijk weinig tot geen besef van het verleden en de toekomst en zullen zich daardoor ook niet bewust zijn van zichzelf en van hun sterfelijkheid. Maar dat neemt niet weg dat ook dieren dankzij hun zintuigen hun omgeving kunnen ervaren. Als een hond een kat de weg ziet oversteken en daar achteraan begint te rennen, dan is hij zich op een of andere wijze bewust van de aanwezigheid van de kat. En als hij bij de thuiskomst van zijn 'baasje' vrolijk begint te kwispelen, is er ook bij de hond sprake van herkenning. Honden geven ook uitdrukking aan gevoelens van angst en opgewondenheid en als ze slapen, lijken ze soms zelfs te dromen. Er zijn genoeg redenen om aan te nemen dat ook andere dieren een zeker besef hebben van hun omgeving, en ook planten en bacteriën bezitten een rudimentair vermogen om veranderingen in hun omgeving waar te nemen. Zelfs de simpelste eencellige organismen zijn gevoelig voor bepaalde chemische stoffen, lichtintensiteit, temperatuurwisselingen of geluidsgolven.

In veel gevallen lijkt het bewustzijn van dieren ervaringen te bevatten die mensen niet hebben. Dankzij zijn superieure reukvermogen lijkt de hond zich bewust te zijn van veel dingen die ons ontgaan, dolfijnen 'zien' de wereld met hun sonar, slangen nemen infrarode straling waar, vleermuizen ervaren hun omgeving door middel van echolocatie en haaien voelen met elektrische zintuigen (Russel z.j.).

We hebben geen onmiddellijke toegang tot de innerlijke wereld van andere dieren en kunnen daarover ook niet met hen praten – anders dan met medemensen tot wier innerlijk we evenmin toegang hebben. Daarom is het bijzonder moeilijk iets zinnigs te zeggen over de aard van bewustzijnsverschijnselen bij andere organismen en de ontwikkeling daarvan in de loop van de evolutie. Maar we mogen toch aannemen dat enig bewustzijn, hoe primitief ook, eigen is aan al het leven. De mate van bewustzijn mag variëren met de aard en gevoeligheid van de zintuigen en de complexiteit van het zenuwstelsel, maar dankzij hun semi-doordringbare membraan lijken alle organismen ten minste een minimale openheid te bezitten voor prikkels van buitenaf.

Wat het mysterie van het bewustzijn vooral zo fascinerend maakt, is dat er een diepe verklaringskloof bestaat tussen lichaam en geest. Hoewel vrijwel alle wetenschappers ervan uitgaan dat bewustzijn niet mogelijk is zonder hersenen, verschillen mentale verschijnselen zo radicaal van de fysische, chemische en elektrische processen in het brein dat we de samenhang daartussen nog in het geheel niet doorgronden. Weliswaar bestaat er ook een verklaringskloof tussen de louter mechanische processen in de levenloze natuur en de functionele processen die zich in levende dingen afspelen, maar deze processen zijn in ieder geval nog opgebouwd uit dezelfde atomaire bouwstenen. Geestelijke verschijnselen zoals bewustzijn lijken daarentegen in het geheel niet materieel van aard te zijn. Hoewel de neurowetenschappen ons in de afgelopen decennia veel geleerd hebben over de materiële processen in de hersenen, biedt tot op heden geen enkele wetenschappelijke theorie uitzicht op een werkelijke overbrugging van de genoemde verklaringskloof.

Dat betekent niet dat er niets over het bewustzijn te zeggen valt. Hoewel het zich (nog) niet laat verklaren, kunnen we het wel beschrijven. Daartoe zijn we aangewezen op het aloude instrument van de introspectie. Heel in het algemeen kunnen we stellen dat wanneer we ons van iets bewust zijn, dat betekent dat we op dat moment een *besef* hebben van iets buiten of in ons dat zich aan ons voordoet in de vorm van een waarneming, fantasie, verlangen, gevoel, herinnering, anticipatie, etc. Als we deze ervaring proberen te beschrijven, dan laten zich in ieder geval de volgende zeven kenmerken articuleren.

In de eerste plaats heeft het bewustzijn een *perspectivistisch* karakter. Datgene waar ik me van bewust ben, doet zich exclusief aan *mij* voor en niet – dat hoop ik althans – aan mijn buurman. Bewustzijn wordt met andere woorden gekenmerkt door een eerste-persoonsperspectief. Nu kunnen we weliswaar ook vanuit een tweede- of derde-persoonsperspectief waarnemen dat iemand anders een bewuste ervaring heeft. Het eerste gebeurt bijvoorbeeld wanneer ik iemand vraag hoe laat het is en ik uit het feit dat hij op zijn horloge kijkt en mij zegt dat het kwart voor vier is, opmaak dat hij zich bewust is van mijn verzoek. En wanneer ik op een fMRI-scan zie dat er in de neocortex een bepaalde regio oplicht die wordt geassocieerd met het hebben van bewuste ervaringen, dan leid ik daaruit af, vanuit een derde-persoonsperspectief, dat de persoon in kwestie zich van iets bewust was. Het mentale verschijnsel zelf doet zich echter uitsluitend voor vanuit een eerste-persoonsperspectief. Dat betekent dat we ons nooit volledig kunnen verplaatsen in een andere persoon, laat staan in een ander dier. Werkelijk begrijpen wat het is om als hond, vleermuis of dolfijn de wereld te ervaren, kan alleen vanuit het perspectief van die dieren zelf.

In de tweede plaats ervaar ik hetgeen zich aan mijn bewustzijn voordoet als een *totaliteit*. Als ik door het raam van mijn studeerkamer naar de tuin kijk, ervaar ik de bomen en de struiken, de vijver, de heg die de tuin omgeeft en de lucht boven de tuin als een geheel. En ook de verschillende subjectieve aspecten van mijn ervaring, de waarneming van de rijpe pruimen die in de boom in de tuin hangen, de prettige gewaarwording die daarmee gepaard gaat en verbonden is met de herinnering aan de pruim die ik gisteren at, en het verlangen om naar buiten te lopen om opnieuw een van die vruchten te plukken, zijn deel van een betekenisvolle samenhang.

Kenmerkend voor de bewuste ervaring van mijn wereld is, in de derde plaats, het *kwalitatieve* karakter ervan. Wanneer ik naar de pruimenboom in de tuin kijk, dan word ik mij bewust van de groenheid van de bladeren, en als ik een hap neem van een pruim, dan word ik mij bewust van de zoetheid van de vrucht. Weliswaar kun je vanuit een derde-persoonsperspectief de frequentie van het groene licht, het percentage en de chemische formule van de in de pruim aanwezige suikers en de werking van de zoetreceptoren in de mond analyseren en beschrijven, maar de genoemde kwaliteiten (ook wel aangeduid als *qualia*) zelf zijn opnieuw enkel te ervaren vanuit een eerste-persoonsperspectief. Een fysicus zou een expert kunnen zijn op het gebied van het lichtspectrum en allerlei gradaties groen kunnen onderscheiden, maar als hij kleurenblind zou zijn, zou hij de groenheid ervan niet kunnen ervaren.

Wanneer we een bewuste ervaring een subjectieve en kwalitatieve ervaring noemen, dan betekent dat, in de vierde plaats, niet dat een dergelijke ervaring louter subjectief is. De gegeven voorbeelden lieten telkens een gerichtheid op iets buiten het bewustzijn zien: ik ben me bewust van de pruimenboom in de tuin, ik ruik de zoete geur van de vrucht die daar hangt, ik hoor het knorren van mijn maag en ik word me ervan bewust dat ik hongerig ben, etc. Dit kenmerk van het bewustzijn wordt met een door de fenomenoloog Brentano geïntroduceerde term ook wel aangeduid als *intentionaliteit*. (Een dergelijke intentionaliteit kan overigens ook onbewust zijn. Ik was misschien al hongerig voordat ik het opmerkte, omdat ik geconcentreerd aan het schrijven was.) Natuurlijk kan ik mij ook bewust worden van mijzelf, maar ook in dit geval ontbreekt de gerichtheid op iets buiten mijn bewustzijn niet.

Intentionaliteit wordt, ten vijfde, ook gekenmerkt door een zekere *transparantie*. Wanneer ik naar buiten kijk, word ik mij bewust van de pruimenboom die daar staat en niet van een beeld op mijn netvlies of een representatie in mijn hersenen. Alleen in bijzondere gevallen, bijvoorbeeld in het geval van een optische illusie (wanneer de rechte stok die half in het water staat, gebroken lijkt te zijn) of wanneer ik in een biologieboek een afbeelding zie van hoe een slang zijn omgeving waarneemt, word ik mij bewust van het gemedieerde karakter van mijn waarneming. *Looking through* mijn 'cognitieve structuur' wordt dan voor een moment een *looking at*. Ook wanneer ik een boek lees of achter het beeldscherm van de computer een tekst aan het typen ben, merk ik het medium niet op, maar ben ik onmiddellijk bij 'de dingen' die ik aan het lezen of schrijven ben.

Dat ik mij bewust kan zijn van het feit dat de onmiddellijkheid van mijn bewuste ervaring wordt gemedieerd door cognitieve structuren, hangt nauw samen met een zesde kenmerk van het menselijk bewustzijn. Anders dan de meeste dieren zijn wij niet alleen bewust van de ervaringen die we hebben, maar zijn we tevens bewust van het feit *dat* we bewust zijn. Als ik bij het zien van de pruimen in de boom zin krijg om er een te eten, dan word ik niet alleen een verlangen naar pruimen gewaar, maar ben ik mij ook bewust van het feit dat ik dat verlangen heb. Op dat moment wordt mijn bewustzijn tevens een *zelfbewustzijn*. In de filosofie wordt dit kenmerk traditioneel aangeduid als *reflexiviteit*.

De zevende en laatste eigenschap van het bewustzijn die ik hier wil noemen, is dat het geen statische ervaring is, maar een dynamisch proces, zoals ook een verhaal zich in de tijd afspeelt. Ons bewustzijn bestaat uit een vluchtige stroom van waarnemingen, herinneringen, anticipaties, gevoelens, gedachten en andere bewustzijnsinhouden. Deze *stream of consciousness* wordt voortgebracht door de voorafgaande bewustzijnsverschijnselen en interne en externe prikkels, en stuwen op hun beurt de bewustzijnsstroom weer voort, op de achtergrond gedragen en begrensd door de totale psychische structuur (Husserl 1950-52). We hebben hier opnieuw van doen met een zelforganiserend systeem (Maturana en Varela 1980).

Als het gaat om beschrijvingen van de eigenschappen van het bewustzijn, bestaat er nog een zekere consensus onder hedendaagse filosofen en wetenschappers. Maar dat geldt niet voor de vraag of het bewustzijn een zelfstandige realiteit is of door iets anders wordt veroorzaakt, en ook niet voor de vraag wat nu precies de functie van het bewustzijn is.

Voor de vraag naar de realiteit van het bewustzijn heeft Descartes de toon gezet met zijn dualistische positie. Hij poneert dat materie en geest twee verschillende substanties zijn met fundamenteel verschillende eigenschappen. De materie heeft als kenmerk (attribuut) *uitgebreidheid* en kan daarom geheel kwantitatief, met behulp van wiskunde en fysica in kaart worden gebracht. De geest heeft daarentegen als kenmerk *denken* en wordt door Descartes daarom ook aangeduid als 'de denkende substantie' (Descartes 1989, 97). Mensen bestaan uit beide substanties, maar onze identiteit is vooral gelegen in het feit dat we een denkende substantie zijn (zoals ook tot uitdrukking komt in het beroemde adagium 'Ik denk, dus ik ben'). Hoewel Descartes wel wordt aangeduid als de vader van de moderne wijsbegeerte, staat hij nog met één been in de christelijke traditie. Dat komt tot uitdrukking in het feit dat hij die denkende substantie identificeert met de onsterfelijke ziel. En omdat dieren volgens Descartes geen ziel bezitten, vat hij ze op als geestloze machines.

Dat Descartes de onderscheiden eigenschappen van het denken en (zelf)bewustzijn onderstreept, sluit aan bij onze alledaagse ervaring. Door zijn radicaal-dualistische uitgangspunt kon hij echter niet goed verklaren hoe lichaam en geest op elkaar inwerken. Zijn verklaring dat ze op elkaar inwerken via de pijnappelklier (een klein aanhangsel van de hersenen) heeft veel tijdgenoten en latere denkers niet kunnen overtuigen. Het radicaal-dualistische uitgangspunt en het idee dat de verbinding tussen beide substanties in de hersenen moet worden gezocht, hebben desondanks tot diep in de twintigste eeuw veel invloed uitgeoefend, bijvoorbeeld in de neurowetenschappen. De eerste generaties neurowetenschappers, zoals Sherrington, Eccles en Penfield waren stuk voor stuk cartesiaanse dualisten. En zelfs veel hedendaagse neurowetenschappers houden, vaak zonder zich daarvan bewust te zijn, vast aan het cartesiaanse dualisme, zij het dat het substantie-dualisme bij hen getransformeerd wordt tot een brein-lichaamdualisme (Bennett e.a. 2007, 131). Veel hedendaagse cognitieve breinwetenschappers schrijven namelijk aan het brein de rol toe die de geest bij Descartes had. We zien dat bijvoorbeeld al uitgedrukt in de titel van Dick Swaabs eerdergenoemde boek *Wij zijn ons brein* (Swaab 2010).

Relaties als die tussen mens en wereld en tussen gedachte en handeling worden in de neurowetenschap vaak op een vergelijkbare manier behandeld als bij Descartes, namelijk als processen die zich afspelen tussen een brein (subject) en de externe wereld waar het geïsoleerd tegenover staat en waarvan het zich, dankzij zintuiglijke *input*, voorstellingen maakt en op basis daarvan tot een bepaalde motorische *output* komt. Het brein wordt dan als het ware een klein mannetje in ons hoofd dat daar waarneemt, oordeelt en de ledematen aanstuurt. De vraag die dat oproept is dan natuurlijk of er in het hoofd van dat mannetje ook niet weer een mannetje (of vrouwtje) verstopt zit, en dit tot in het oneindige. Opnieuw 'Turtles all the way down' (zie blz. 30).

Het probleem is bovendien dat in deze benadering allerlei eigenschappen aan het brein worden toegeschreven die alleen toekomen aan de mens als geheel. Als cognitieve neurowetenschappers bijvoorbeeld schrijven dat ons brein al iets heeft gezien of beslist voordat we ons daarvan bewust worden, dan gaan ze voorbij aan het feit dat de hersenen deel van het lichaam zijn en dat het de héle mens is die ziet of beslist. Ze zien dan het deel voor het geheel aan. Daarmee vallen ze ten prooi aan een mereologische drogreden (Bennett en Hacker 2003). Maar ook afgezien van deze 'parsprototologie' is het cognitieve hersenonderzoek op conceptueel niveau niet veel verder gekomen dan Descartes waar het gaat om het oplossen van het geest-lichaamprobleem.

Veel neurowetenschappers gaan ervan uit dat dit een kwestie van tijd is en dat er met de voortgang van de neurowetenschappen uiteindelijk een bevredigend antwoord zal worden gevonden. Een hedendaagse Diogenes zal daarbij aantekenen dat dat nog wel even zal duren, aangezien het menselijk brein tot de meest complexe verschijnselen behoort die we kennen. Het aantal neuronen (zenuwcellen) in het menselijk brein ligt rond de 100 miljard, dat is evenveel als er sterren in ons melkwegstelsel zijn, en het aantal verbindingen tussen die neuronen loopt in de vele triljoenen! Wanneer we bedenken dat zelfs het doorgronden van het slechts uit 300 neuronen bestaande zenuwstelsel van *C. elegans* – een 1 mm groot, doorschijnend rondwormpje – nog maar aan het prille begin staat, dan lijkt het erop dat we nog een heel erg lange weg te gaan hebben voordat er een omvattende theorie van de hersenen, die tevens een verklaring zou moeten bieden voor het bewustzijn, beschikbaar zal zijn.

Het is misschien wel principieel onmogelijk om de samenhang tussen lichaam en geest te verklaren, aangezien ons kenvermogen daarvoor niet is gebouwd. Met betrekking tot de neurowetenschappen is dit onder meer beargumenteerd door Colin McGinn, die daarbij aanknoopt bij Kants idee dat het menselijk kenvermogen bestaat uit twee stammen, zintuiglijkheid en verstand. Onze receptieve vermogens stellen ons in staat kennis te vergaren over de werking van het brein en onze introspectieve vermogens verlenen ons toegang tot het bewustzijn, maar het ontbreekt ons aan een synthetisch derde kenvermogen om die twee klassen van kennis met elkaar te verbinden (McGinn 1995).

Andere filosofen en wetenschappers zijn van mening dat het geest-lichaamprobleem eigenlijk een schijnprobleem is, omdat het voortkomt uit een foutief uitgangspunt: het dualisme van Descartes en zijn hedendaagse aanhangers. De oplossing zou er dan in gelegen zijn uit te gaan van één enkele substantie. Met betrekking tot deze monistische theorieën laten zich traditioneel twee varianten onderscheiden: een idealistische en een materialistische. In het begin van de negentiende eeuw was de idealistische variant populair, waarin de Geest als enige realiteit werd erkend en de materie werd opgevat als een uitdrukking van deze Geest. Een dergelijk idealisme treffen we bijvoorbeeld aan bij Hegel die de wereldgeschiedenis opvat als een proces waarin de Geest, na zich eerst te hebben uitgedrukt in de materie, in een proces van toenemende vergeestelijking uiteindelijk weer tot zichzelf komt.

Je kunt dit hegeliaanse idealisme beschouwen als een seculiere vorm van het christelijke wereldbeeld, waarin de wereld uit de Geest Gods voortkwam en ook een uiteindelijke verzoening in het verschiet werd gesteld. Door de secularisering en de indrukwekkende ontwikkelingen in de empirische natuurwetenschappen moest het idealisme het als wereldbeschouwing in de negentiende eeuw echter al spoedig afleggen tegen het materialisme van de positieve wetenschappen. In de natuurwetenschappen voert een monistisch materialisme sindsdien de boventoon. De leidende intuïtie is hier dat bewustzijn, als er al zoiets bestaat, niet moet worden beschouwd als een afzonderlijke substantie, maar net als materie en energie opgevat moet worden als een natuurlijk verschijnsel dat op empirische wijze kan worden verklaard.

Binnen deze naturalistische benadering kun je nogal wat verschillende varianten onderscheiden. Reductionistische theorieën stellen dat bewustzijnsverschijnselen volledig beschreven kunnen worden in termen van fysische en chemische processen. Fysicalisten gaan ervan uit dat uiteindelijk alle verschijnselen in de wereld kunnen worden verklaard uit de kleinste bouwstenen waaruit ons universum is opgebouwd. De meest radicale fysicalisten, de eliminatieve materialisten, gaan zelfs zo ver dat ze het begrip 'bewustzijn' en de daarmee verbonden mentale begrippen afwijzen als misleidende ideeën uit de 'volkspsychologie'. Zoals we inmiddels beseffen dat de zon niet om de aarde draait, zo zullen we dankzij de neurowetenschappen leren begrijpen dat er zich in ons hoofd helemaal geen waarnemingen, wensen en herinneringen bevinden, maar slechts onbewust verlopende breinprocessen.

Iets minder radicale reductionisten stellen dat er wel mentale verschijnselen bestaan, maar dat dit slechts bijverschijnselen (epifenomenen) zijn die worden opgeroepen door de breinprocessen en daardoor geen enkele causale kracht bezitten. Als ik mijn hand optil, dan wordt dat niet veroorzaakt door een wilsbesluit, maar door een proces in mijn brein. Omdat mentale verschijnselen zoals het bewustzijn in feite identiek zijn aan bepaalde neurale of neurofysiologische processen in het brein, vereisen ze dus geen aparte verklaring. Je kunt de menselijke geest vergelijken met een computer, die ook intelligent gedrag vertoont, bijvoorbeeld door de wereldkampioen schaken te verslaan, maar louter uit materiële onderdelen bestaat. De reductionistische fysicalisten doen daarmee een stap die Descartes niet bereid was te zetten, maar die reeds in 1747 door zijn leerling La Mettrie werd gedaan in zijn boek *De mens een machine*: niet alleen dieren, maar ook de mens is uiteindelijk niets anders dan een ingewikkelde machine, een robot.

Het probleem met de radicale eliminatie van het bewustzijn is dat daarmee het probleem niet zozeer wordt opgelost, maar eerder weggeredeneerd, terwijl onze alledaagse bewustzijnservaringen er niet minder werkelijk door worden. Zelfs als al onze gedachten door het brein geproduceerde illusies zouden zijn (een variant op het gedachte-experiment van Descartes die zich afvraagt of zijn gedachten door een kwade genius ingegeven illusies kunnen zijn, of op de film *The Matrix* waarin het menselijk brein door robots wordt gevoed met een in *virtual reality* gesimuleerde wereld), dan nóg zouden we met Descartes kunnen blijven volhouden dat dit geen afbreuk doet aan het feit dat ik zelfs dan nog steeds denk en mij daarvan bewust ben. En blijkbaar gaan zelfs de eliminatieve materialisten daarvan uit, want anders zouden ze toch niet al die artikelen en boeken schrijven om ons van hun standpunt te overtuigen?

> **Zombies.** *In de Angelsaksische philosophy of mind wordt gespeculeerd over de logische mogelijkheid van zombies. Dan wordt er niet zozeer gedacht aan de bloedige monsters die veel horror movies bevolken, maar aan wezens die qua fysische structuur, functionele organisatie en gedrag volstrekt identiek zijn aan mensen, maar die geen enkel bewustzijn bezitten. Zo'n gedachte-experiment lijkt op het eerste gezicht tamelijk wereldvreemd, maar bij nader inzien blijkt het een interessante manier om te testen of theorieën die ervan uitgaan dat ook in onze wereld bewustzijnsverschijnselen op z'n best epifenomenen zonder causale kracht zijn, logisch houdbaar zijn. Zoals zo vaak in de filosofie – filosofen zijn beter in het bedenken van lastige vragen dan in het beantwoorden ervan – is er ook met betrekking tot die vraag niet veel overeenstemming. In het tweede deel zullen we kennismaken met een bijzondere categorie van zombies in de zojuist genoemde betekenis: androïde robots.*

Willen naturalisten een dergelijke performatieve tegenspraak vermijden, dan zullen ze toch op een andere wijze een plaats moeten inruimen voor het bewustzijn. Een interessante poging daartoe, die in de jaren zeventig en tachtig binnen de cognitiewetenschappen populair was, bood het functionalisme dat stelde dat je de verhouding tussen brein en geest kan beschouwen als die tussen een computer en de software. Hoewel de software van een computer niet kan bestaan zonder materieel gerealiseerd te zijn in de elektrische circuits in de computer, kun je, als je de software wil begrijpen, niet volstaan met een mechanistische verklaring op het niveau van de machine, maar dien je een functionalistische beschrijving te geven. Wanneer je een commandoregel in een softwareprogramma wilt begrijpen, dan dien je te kijken naar de functie van die regel binnen het geheel. Hier grijpt het functionalisme terug op een argumentatie die in de biologie wordt gehanteerd als het gaat om het verklaren van organische verschijnselen. Ook daar volstaat het niet de processen in louter mechanistische termen te beschrijven, maar dien je een beroep te doen op een functionalistisch verklaringsmodel, waarin niet oorzaak en gevolg centraal staan, maar de functionele samenhang van de onderdelen van het organisme.

Eenzelfde redenering volgt het functionalisme met betrekking tot bewustzijnsverschijnselen. Ook deze behoeven een eigen methode van verklaren. Het bewustzijn wordt weliswaar gerealiseerd in het brein en kan zonder een brein niet bestaan, maar het bezit specifieke eigenschappen die uitsluitend met behulp van een functionalistisch verklaringsmodel zijn te beschrijven en begrijpen. Het is evenwel de vraag of het functionalisme de beloofde brug kan slaan tussen de wereld van de materie en die van de geest. Computers zoals wij die kennen hebben in ieder geval geen bewustzijn. Bovendien is het de vraag of de seriële computer wel zo'n vruchtbare metafoor is voor het brein. Seriële computers voeren de commando's van de software één voor één uit, terwijl in het brein vele netwerken van neuronen gelijktijdig en in voortdurende interactie actief zijn. Bovendien zijn de processen in het brein, anders dan die van de digitale computer, grotendeels analoog. Dat maakt het twijfelachtig of het functionalisme ooit een bevredigende verklaring voor het optreden van bewustzijnsverschijnselen in het brein zal kunnen geven.

Daar komt nog bij dat bewustzijnsverschijnselen niet in louter functionalistische termen zijn te beschrijven. Weliswaar is de vraag naar de functie van het bewustzijn bij de instandhouding en reproductie van het organisme zinvol (en aanleiding voor verhitte debatten), maar daarmee ben je nog niet aanbeland bij de kwalitatieve dimensie en het eerste-persoonsperspectief dat eigen is aan het bewustzijn. Verklaringen op dit niveau hebben geen betrekking op causale oorzaken of functionele samenhangen, maar op het begrijpen van redenen en betekenis. Wanneer een student in mijn college in huilen uitbarst en ik wil begrijpen wat er aan de hand is, dan wil ik niet zozeer een mechanistische verklaring horen over de werking van de traanklieren, noch een functionalistische verklaring van de rol die huilen speelt bij het afreageren van emotionele spanningen, maar de *reden* van deze huilbui. Als mij dan verteld wordt dat zijn vriendin de verkering zojuist via WhatsApp heeft uitgemaakt, dan pas begrijp ik het waarom van zijn verdriet.

De afgelopen decennia zijn er in de cognitiewetenschappen, de neurowetenschappen en de robotica, mede onder invloed van de evolutiebiologie en de fenomenologie van Husserl, Heidegger en Merleau-Ponty, diverse alternatieve benaderingen van de menselijke cognitie tot ontwikkeling gekomen die vaak worden samengevat onder de term *embodied cognition*. Wat de vertegenwoordigers van deze benadering delen, is hun kritiek op het dominante representatiemodel van menselijke cognitie.

Auteurs als Damasio, Edelman, Noë, Panksepp, Thompson en Varela verzetten zich tegen het idee dat de geest zetelt in de hersenen en als een computer gericht zou zijn op de transformatie van zintuiglijke input in motorische output. Zij benadrukken dat het brein een integraal onderdeel van het lichaam is en dat de mens met dat lichaam altijd handelend (*enacted*) in de wereld staat. Onderzoek naar cognitie en bewustzijn dient zich daarom niet te beperken tot de bestudering van neurale processen in het brein, maar uit te gaan van het levende lichaam als geheel, en dient daarbij ook het eerstepersoonsperspectief te betrekken. Daarbij wordt onderstreept dat het lichaam op zijn beurt is ingebed (*embedded*) in zijn fysieke en sociaal-culturele omgeving en dat de cognitieve structuur zelfs vaak is uitgestrekt (*extended*) tot in die omgeving. Cognitie en bewustzijn zijn dan niet gericht op een passieve representatie van de omgeving. Het levende ding geeft in een voortdurende interactie vorm aan zijn omgeving en maakt deze eerst daardoor begrijpelijk.

De driedimensionale mens

De mens, zo veel is in het voorafgaande duidelijk geworden, heeft een drievoudige herkomst. We zijn gemaakt van een mysterieuze 'sterrenstof' die zijn oorsprong heeft in een Oerknal, we maken deel uit van een miljarden jaren geleden ontsprongen keten van leven en we zijn begiftigd met een zelfbewustzijn dat ons de drievoudige herkomst doet beseffen zonder die werkelijk te kunnen doorgronden. Wanneer we de evolutie van materie, leven en geest vanuit een dergelijk universeel perspectief proberen te overzien, dan zijn daarin verschillende tendensen te bespeuren die ons kunnen helpen ons te oriënteren op onze plaats in de kosmos (Christian 2004).

Complexiteit, emergentie en kunstmatige selectie

Een van de opvallendste lijnen die zich aftekenen in de geschiedenis van het universum, is de voortdurende toename van *complexiteit*. Waar het prille universum uit niet veel meer bestond dan wolken waterstof en helium, daar zien we in de loop van de ontwikkeling steeds complexere verschijnselen ontstaan, zoals sterren, planeten, organismen en samenlevingen (Hazen 2005).

Telkens wanneer zich een grote concentratie van interacterende elementen voordoet, neemt de complexiteit toe. Sterren ontstaan op plaatsen waar zich grote concentraties waterstof bevinden, als gevolg waarvan deze atomen gaan fuseren. Het leven op aarde ontstond in een oersoep waarin grote hoeveelheden organische moleculen met elkaar konden interacteren. Bewustzijn vereist een concentratie van miljarden neuronen die door triljarden dendrieten, axonen en synapsen met elkaar zijn verbonden. In een mierenkolonie en een stad ontstaan complexe sociale structuren uit de interactie van vele individuen die op uiteenlopende wijze met elkaar verkeren. Het tot stand brengen en onderhouden van dergelijke complexe structuren vraagt om een voortdurende (cyclische) energietoevoer. Indien er te weinig energie aan een complex systeem wordt toegevoegd, gebeurt er niets, en wanneer er een teveel aan energie is, valt het systeem uiteen (Chaisson 2001).

Op het eerste gezicht lijkt deze toenemende complexiteit de Tweede Hoofdwet van de Thermodynamica tegen te spreken. Volgens deze wet wordt het universum gekenmerkt door entropie, dat wil zeggen een onomkeerbare ontwikkeling van orde naar wanorde. Complexe verschijnselen lijken echter de omgekeerde weg te gaan. Het leven, zo merkte de fysicus Erwin Schrödinger op in zijn beroemde lezingencyclus *What Is Life?* (1943), lijkt juist orde uit wanorde te scheppen. Volgens Schrödinger is dat mogelijk doordat levende organismen een grotere wanorde in hun omgeving bewerkstelligen (Schrödinger 1992, 67 e.v.). Hoewel de hoeveelheid entropie in het universum in totaliteit toeneemt, kan zich lokaal en tijdelijk juist een groei van complexiteit voordoen. In het geval van het leven vereist dit dat een organisme zich van de buitenwereld afgrenst en een systeem ontwikkelt om energie aan de omgeving te onttrekken. Voor het individuele organisme is dat altijd slechts uitstel van de entropische executie. In die zin is leven slechts een omweg naar de dood. Dankzij het vermogen tot reproductie blijft de in de soort belichaamde complexe structuur nog wat langer behouden. Hoe complexer de structuur, hoe fragieler het evenwicht. Bacteriën zijn relatief simpel, maar hebben juist daardoor hun structuur reeds miljarden jaren kunnen handhaven in weerwil van de enorme transformaties die de aarde in die periode heeft ondergaan. Meer complexe levensvormen, die zich maar een korte tijd kunnen handhaven in de evolutie van het leven, kunnen daar nog een puntje aan zuigen.

Een belangrijk kenmerk van complexe systemen is dat zij vaak *emergentie* vertonen (Clayton en Davies 2006). Dat is het gevolg van het feit dat veel natuurlijke verschijnselen een spontane tendens tot zelforganisatie vertonen. We zagen in het voorafgaande hoe lipiden zich spontaan – autokatalytisch – organiseerden in de vorm van een vesikel, en ook hoe de cel en het bewustzijn zichzelf in een proces van zelforganisatie scheppen en in stand houden. Kenmerkend voor emergente verschijnselen is dat zij specifieke eigenschappen bezitten die niet kunnen worden afgeleid uit de elementen waaruit ze zijn opgebouwd (el-Hani en Pereira 2000). Dat geldt zowel voor het leven als voor het bewustzijn (en wie weet is het factum dat het universum *is* ook wel een emergent verschijnsel). Hoewel een levend organisme volledig uit atomen bestaat die we ook aantreffen in de levenloze natuur, bezit de complexe structuur die we leven noemen een aantal definiërende kenmerken die niet aangetroffen worden in de elementen waaruit het is opgebouwd, zoals zelfregulering, groei, metabolisme en reproductie. En hoewel het bewustzijn naar het zich laat aanzien het product is van interacties tussen neuronennetwerken, zijn de eigenschappen ervan, zoals het subjectieve en kwalitatieve karakter en de intentionaliteit, niet te beschrijven in termen van de materiële eigenschappen van de neuronen. En elk van die niveaus vereist een eigen verklaringsmethode.

Emergentie is geen bovennatuurlijk verschijnsel, maar vloeit voort uit de natuurlijke eigenschappen van de dingen. Wel staat de notie van emergentie op gespannen voet met reductionistische vormen van naturalisme, die ervan uitgaan dat alle verschijnselen in de wereld, dus bijvoorbeeld ook leven en bewustzijn, in principe geheel te beschrijven zijn in termen van eigenschappen van de elementen waaruit ze zijn opgebouwd. Het geheel is volgens deze reductionistische opvatting niets meer dan de som van de afzonderlijke deeltjes. Emergentie wil daarentegen zeggen dat het geheel *meer* is dan de som der delen. Weliswaar zijn de emergente eigenschappen van een complex systeem niet mogelijk zonder de constituerende elementen of systemen – geen bewustzijn zonder leven, geen (aards) leven zonder biomoleculen – maar die eigenschappen zijn niet te herleiden tot en niet te voorspellen vanuit de elementen of systemen waaruit ze zijn opgebouwd. Daar komt bij dat er ook sprake is van neerwaartse veroorzaking (*downward causation*), dat wil zeggen: allerlei vormen van terugkoppeling van het hogere niveau naar het lagere niveau. De informatiestroom van lagere naar hogere organisatieniveaus wordt omgekeerd in een stroom die van hogere naar lagere niveaus loopt (Walker, Cisneros en Davies 2012).

De notie van neerwaartse veroorzaking werpt ook een nieuw licht op de *natuurlijke selectie*. In de eerste decennia na de ontdekking van het DNA in 1953 overheerste in de moleculaire genetica een nogal reductionistische, 'gencentrische' opvatting van de evolutie. Volgens deze opvatting kunnen erfelijke eigenschappen uitsluitend via het genetische materiaal worden overgeërfd, en vindt de natuurlijke selectie plaats op het niveau van de afzonderlijke genen. Deze opvatting dankte zijn popularita onder meer aan boeken zoals Richard Dawkins' *The Selfish Gene*, waarin het organisme wordt gedegradeerd tot een louter 'voertuig van zelfzuchtige genen' (Dawkins 1976). Aan dit idee ligt een type reductionisme ten grondslag dat we ook wel tegenkomen in de neurowetenschappen, wanneer bewustzijnsverschijnselen worden gereduceerd tot 'een voertuig van zelfzuchtige neuronen'.

Het principe van de neerwaartse veroorzaking leidt er echter toe dat de levende cel allerminst een speelbal is van zich op moleculair niveau afspelende mechanische processen, maar als zelforganiserend systeem voortdurend inwerkt op de chemische processen die in de cel plaatsvinden. In de systeembiologie wordt onderzocht hoe er vanuit hogere systeemniveaus – weefsels, organen, organismen – steeds terugkoppelingen naar de genen plaatsvinden die de expressie daarvan bevorderen of juist remmen. Het organisme, zo stelt Dennis Noble in *The Music of Life: Beyond the Genome* in een polemiek met Richard Dawkins, is niet zozeer het voertuig van de genen: de genen zijn veeleer de 'dwangarbeiders van de cel' (Noble 2008, 14; 2006).

Recent onderzoek op het gebied van de epigenetica, die de externe invloeden van milieu, voeding en leefgewoonten op genexpressie bestudeert, ondergraaft de 'gencentrische' visie nog verder. Dezelfde in het DNA gecodeerde erfelijke eigenschappen van een organisme (het *genotype*) kunnen, afhankelijk van de omstandigheden, leiden tot individuen met verschillende eigenschappen (*fenotypen*). Eeneiige tweelingen zijn genetisch identiek, maar toch verschillen ze meer en meer naarmate ze verouderen als gevolg van de wisselwerking tussen aanleg, milieu en leefgewoonten die de expressie van genen beïnvloedt. Deze epigenetische wisselwerking verandert niet de code van het DNA, maar wel het vermogen en de efficiëntie om een gen al dan niet af te lezen. Dit gebeurt door middel van toevoeging van kleine chemische groepen aan de nucleotiden in het DNA zonder de identiteit van de nucleotide te veranderen. Epigenetische veranderingen geven dus een extra regulerende laag aan het gebruik van de code die opgeslagen ligt in het DNA, wat de mogelijkheid verschaft om genexpressie aan te passen aan externe invloeden, zoals voeding.

Ook op het niveau van het bewustzijn komen we neerwaartse veroorzaking tegen. Het is zelfs een alledaags verschijnsel. Al bij een simpele handeling als het optillen van mijn hand ervaar ik hoe mijn lichaam zich door een wilsbesluit laat aansturen. Op macroniveau zien we de neerwaartse veroorzaking ook aan het werk als we pogen onze instincten en aandriften in het gareel te krijgen met behulp van rationele argumenten en goede redenen. Dat lukt lang niet altijd, de onderliggende niveaus hebben zo hun eigen agenda. Ook hier geldt dat de complexere lagen het vaak moeten afleggen tegen de meer primitieve. Maar dat neemt niets weg van de principiële mogelijkheid dat ons bewustzijn levende en – zoals we in het tweede deel van dit essay nog zullen zien – zelfs levenloze materie kan aansturen, zoals kunstmatige ledematen en telerobots.

De recente ontwikkelingen in de epigenetica betekenen ook een eerherstel van het idee van de overerfbaarheid van aangeleerd gedrag en tijdens het leven verworven eigenschappen. De discussie daarover gaat terug op de tegengestelde opvattingen van Darwin en zijn oudere tijdgenoot Lamarck. De laatste stelde dat tijdens het leven verworven eigenschappen kunnen worden overgeërfd. Lamarck dacht bijvoorbeeld dat de lange nek van de giraffe het gevolg was van het feit dat vele generaties giraffes hun nek steeds ietsje verder hebben uitgerekt om bij de overgebleven blaadjes te komen, en dat die verworven eigenschap vervolgens werd doorgegeven aan het nageslacht. Darwin beargumenteerde daarentegen dat de groei van de nek het gevolg was van een toevallige, door mutaties veroorzaakte variatie. De natuurlijke selectie zorgde er vervolgens voor dat de mutaties die een langere nek tot gevolg hadden, werden doorgegeven aan het nageslacht. De moderne genetica leek Darwin gelijk te geven, maar recente ontwikkelingen in de systeembiologie en epigenetica nopen op verrassende wijze tot een fundamentele herwaardering van Lamarcks uitgangspunt (Grosveld en De Mul 2010).

Zo hebben Pembrey en Bygren op basis van longitudinale data aangetoond dat Zweedse mannen die tijdens hun pre-adolescentie ondervoed waren, kleinzoons kregen die minder vaak stierven aan hart- en vaatziekten. Kleinzoons van mannen die in tijden van overvloed hadden geleefd, stierven daarentegen juist vaker aan diabetes (Pembrey e.a. 2006). Het onderzoek suggereert dat hier deels sprake is van een lamarckiaanse overerving van tijdens het leven verworven kenmerken over meerdere generaties onder invloed van epigenetische veranderingen. Deze bevindingen zijn sindsdien door meerdere onderzoeken bevestigd. Opmerkelijk zijn bijvoorbeeld de dierexperimenten van de onderzoeksgroep van Feig. Hij plaatste muizen gedurende hun adolescentie in een omgeving die was verrijkt met speeltjes, sociale interactie en een loopwiel. Het was niet erg verrassend dat bleek dat hun geheugenfunctie daardoor aanmerkelijk verbeterde. Wel verrassend was dat de volgende generatie (via de moeder) ook over een beter geheugen beschikte, ook wanneer deze nakomelingen niet in een verrijkte omgeving werden geplaatst (Arai e.a. 2009).

Nature vs. nurture. *De rehabilitatie van Lamarck is niet alleen van belang voor het biologisch onderzoek. In de westerse cultuur heerst al een aantal eeuwen een debat of (genetische) aanleg of opvoeding doorslaggevend is voor de ontwikkeling van een individu. In de loop van de tijd ging de slinger in dit nature vs. nurture-debat regelmatig heen en weer tussen die beide polen. Zo werd in de jaren zestig en zeventig van de vorige eeuw alle nadruk gelegd op opvoeding en omgeving. Een criminoloog als Buikhuisen die toen onderzoek wilde doen naar biologische factoren van crimineel gedrag, werd slachtoffer van een ware hetze.*

Mede door de grote vlucht die het genetisch onderzoek heeft genomen, is de slinger nu weer ver doorgeschoten naar de pool van de natuurlijke aanleg. Men hoopt voor iedere individuele eigenaardigheid een genetische aanleg te vinden. De lamarckiaanse wending in de moleculaire biologie naar de epigenetisch gedreven overerving is tegen deze achtergrond bijzonder relevant. Wat deze wending laat zien, is dat natuur en opvoeding zeer nauw zijn verstrengeld. Niet in de zin dat ontwikkeling 'van allebei een beetje' is, maar dat de effecten van opvoeding en omgeving zélf overerfbaar kunnen zijn. Wanneer Feigs experimenten met muizen ook van toepassing zijn op de mens, zou de consequentie daarvan wel eens kunnen zijn dat goed onderwijs niet alleen de huidige generatie slimmer maakt, maar ook de (klein)kinderen van die generatie. (Het lijkt me verstandig dat bij het opstellen van de volgende onderwijsbegroting goed in gedachten te houden!)

Wat de studies naar overerving van verworven eigenschappen ons leren, is dat de darwinistische visie op overerving een lamarckiaanse aanvulling behoeft. Iets wat ook Darwin zelf aan het eind van zijn leven al erkende. Zo schreef hij in 1876 in een brief aan zijn collega Moritz Wagner: 'De grootste fout die ik heb gemaakt, is dat ik onvoldoende gewicht heb toegekend aan de onmiddellijke invloed van de omgeving, zoals voedsel en klimaat, die los staat van de natuurlijke selectie' (Darwin 1888). Dat betekent onder meer dat we, als we proberen de evolutie te begrijpen, ons niet kunnen beperken tot de selectie van de genen op moleculair niveau, maar ook de reactie van het organisme zelf op de toevallige invloeden die op hem inwerken in de analyse moeten betrekken. De zonnebloem die de opname van energie maximaliseert door zijn bloem naar de zon te keren, is niet langer louter een speelbal van toevallige omstandigheden, maar 'grijpt in' om die omstandigheden in zijn voordeel om te buigen. En wanneer dieren door bijvoorbeeld klimaatverandering minder aangepast geraken aan hun omgeving, zijn ze niet alleen aangewezen op toevallige mutaties, maar nemen ze hun lot ook in eigen hand, bijvoorbeeld door te migreren naar gunstiger leefgebieden.

Bij de mens gaat het ingrijpen in het evolutionaire proces nog een stuk verder. Hier wordt de natuurlijke selectie in toenemende mate aangevuld en deels vervangen door *kunstmatige* selectie. Darwin staat in zijn levenswerk *Over het ontstaan van soorten* (1859) al uitgebreid stil bij de kunstmatige, aanvankelijk onbewuste, maar later methodisch toegepaste selectie van gewassen en dierenrassen (Darwin 2000, 30-43). Het belang daarvan kan moeilijk worden overschat. Zonder de cultivatie van gewassen en domesticatie van dieren zou de agrarische revolutie in de Nieuwe Steentijd onmogelijk zijn geweest. Maar ook de evolutie van *Homo sapiens* zelf is in belangrijke mate het gevolg geweest van kunstmatige selectie, in de zin dat deze sterk afhankelijk is geworden van technische uitvindingen die een adaptief voordeel bieden. Het was mede dankzij werktuigen, wapens en nieuwe communicatiemiddelen dat de mens zich zo succesvol heeft weten te verspreiden over de gehele aarde. Het ligt voor de hand te veronderstellen dat het feit dat *Homo sapiens sapiens* als enige (ondersoort) van het geslacht *Homo* is overgebleven, te danken zal zijn geweest aan adaptief gunstige technieken.

In ons tijdperk van versmeltende technologieën wordt zelfs rechtstreeks ingegrepen in het genetisch materiaal. Mutaties kunnen doelbewust worden aangebracht in de genen van een organisme (genetische modificatie), of het genoom kan worden gemodificeerd door het inbrengen van een gen van een andere soort (transgene modificatie), zoals dat bijvoorbeeld met gewassen gebeurt om ze resistent tegen bepaalde ziekten te maken. Voor zover de eigenschappen van de mens die tot technisch ingrijpen in zijn eigen natuur hebben geleid, zelf de resultante zijn geweest van natuurlijke selectie, kan de mens worden aangeduid als een wezen dat *kunstmatig van nature* is.

De plaats van de mens in de kosmos

Welke conclusies kunnen uit het voorafgaande worden getrokken over de positie van de mens in de kosmos? Wanneer we een antwoord zoeken op deze vraag, kan de bioloog, filosoof en socioloog Helmuth Plessner ons op weg helpen. Hoewel zijn wijsgerig-antropologische hoofdwerk *Die Stufen des Organischen und der Mensch* (1928) ruim tachtig jaar geleden werd gepubliceerd, blijkt het opmerkelijk actueel in het licht van recente inzichten in de natuurwetenschappen met betrekking tot *embodied cognition*, emergente complexiteit en natuurlijke kunstmatigheid.

Zoals ik in het voorafgaande heb opgemerkt, kan de ontwikkeling van de wijsgerige antropologie in de eerste helft van de vorige eeuw begrepen worden als een reactie op het darwinisme. Het is zeker niet zo dat de bioloog Plessner Darwins theorie afwijst. Als filosoof heeft hij echter grote problemen met de reductionistische interpretatie ervan, waarin het leven wordt gereduceerd tot een reeks mechanisch verlopende biochemische processen. Waar veel critici van een dergelijk reductionisme in zijn tijd hun heil zochten in een transcendent levensprincipe (zoals de neovitalist Driesch) of een transcendent geestelijk principe (zoals de fenomenoloog Scheler), daar gaat Plessner geheel mee in de naturalisering van het wereldbeeld. Zijn punt is dat zelfs wanneer de mechanistische benadering van het leven kan verklaren *hoe* de levensprocessen causaal in elkaar steken, daarmee nog niet is gezegd wat leven in de opeenvolgende stadia van de evolutie *is*.

Wat Plessner wil bieden, is een hermeneutisch-fenomenologische analyse van de opeenvolgende levensvormen. Het gaat hem er niet om te verklaren hoe opeenvolgende stadia van het leven zich uit elkaar ontwikkelen, maar hij wil beschrijven wat het betekent om in die opeenvolgende emergente 'stadia van het organische' (*Stufen des Organischen*) een levend wezen te zijn.

De drie stadia die Plessner onderscheidt – plant, dier en mens – dienen ideaaltypisch begrepen te worden. Zowel het planten- als het dierenrijk laat in werkelijkheid een grote verscheidenheid aan levensvormen zien en kent talloze gradaties en overgangsvormen. Het genoom, gedrag en de beleving van de chimpansee heeft meer gemeen met de mens dan met primitieve apen (*monkeys*), laat staan met de krokodil of de aardworm. En virussen bevinden zich, zoals we hebben gezien, op de grens tussen levenloze en levende natuur. Maar de ideaaltypische indeling stelt ons wel in staat zicht te krijgen op de fundamentele overeenkomsten en verschillen die er bestaan tussen verschillende levensvormen.

Plessners uitgangspunt is dat alle levende wezens belichaamd (*embodied*) zijn. Het meest fundamentele kenmerk van een 'levend ding' is dat het een *grens* heeft. Dit uitgangspunt sluit nauw aan bij het onderzoek dat in de speurtocht naar de oorsprong van het leven is verricht naar vesikels en membranen. Waar levenloze lichamen slechts contouren bezitten, daar hebben organismen grenzen en als gevolg daarvan ook grensverkeer. Ze zijn op fundamentele wijze ingebed (*embedded*) in hun omgeving en voortdurend daarmee in interactie (*enacted*). Wat de drie stadia in de evolutie van het leven volgens Plessner van elkaar onderscheidt, is dat ze een verschillende houding innemen ten opzichte van de hen constituerende grens. Die houding tot de eigen grens duidt hij aan als de *positionaliteit* van een levend organisme.

Levende dingen nemen niet uitsluitend ruimte in, maar hebben een specifieke verhouding tot hun begrensde ruimtelijkheid. Door hun begrensd-zijn worden levende dingen gekenmerkt door *bi-aspectiviteit*. Ze zijn naar beide zijden van de hen constituerende grens gericht. Ze hebben met andere woorden zowel een *actieve* houding (die van binnen naar buiten is gericht) als een *passieve* houding (die het van buitenaf binnenkomende ontvangt). In deze fundamentele gespletenheid ligt de oorsprong van de fundamentele dichotomieën waarmee het menselijk denken worstelt (Redeker 1995, 66 e.v.). Ze vloeien voort uit de begrenzing die eigen is aan onze levensvorm. Met een beroep op dit begrip verzet Plessner zich expliciet tegen het cartesiaanse dualisme dat geest en lichaam ontologisch 'fundamentaliseert'. Voor Plessner behoren lichaam en geest niet tot gescheiden ontologische domeinen, maar vormen zij twee aspecten van het ene, als psychofysische eenheid begrepen levende lichaam.

De wijze waarop de positionaliteit is georganiseerd, bepaalt het verschil tussen plant, dier en mens. Bij de open organisatievorm van de plant is het organisme nog niet in een relatie tot zijn positionaliteit geplaatst. De plant *leeft* en heeft als zodanig een binnen en een buiten en kent ook een levendig grensverkeer, maar de plant heeft geen centrum van waaruit dat verkeer wordt beleefd. Plessner spreekt in dat verband van een *open positionaliteit*. De plant wordt gekenmerkt door een grens waar aan weerskanten niemand of niets is, noch subject noch object.

Een relatie tot de eigen positionaliteit treedt pas op in de gesloten organisatievorm van het dier. Bij het dier wordt het grensverkeer bemiddeld door een centrum. Het heeft een *centrische positionaliteit*. Vanuit een biologisch perspectief bezien valt dit centrum samen met het zenuwstelsel. Met andere woorden: het dier *is*, anders dan de plant, niet alleen een lichaam, maar het is ook *in* zijn lichaam. Het dier *leeft* niet alleen, maar het *beleeft* ook zijn leven. Het dier heeft een zeker besef of bewustzijn van zijn leven.

De menselijke levensvorm onderscheidt zich op zijn beurt van de dierlijke, doordat die ook nog een relatie onderhoudt met het centrum van beleven. Er is hier dus sprake van een tweede bemiddeling: de mens heeft weet van het centrum van ervaring en bezit als zodanig een *excentrische positionaliteit*. Hij *leeft* en *beleeft* niet alleen, maar *beleeft zijn beleven*. Voor zover we excentrische wezens zijn, geldt dat we niet zijn waar we denken en niet denken waar we zijn. In somatische termen uitgedrukt: de mens *is* lichaam, hij is *in* het lichaam (als innerlijk leven) en hij is *buiten* het lichaam, als het gezichtspunt van waaruit het beiden is (Plessner 1975, 365).

Vanwege deze drieledige bepaling van de menselijke existentie leeft de mens in drie werelden, waarin we zijn drievoudige herkomst herkennen: een (materiële) buitenwereld, een (natuurlijke en culturele) medewereld en een (mentale) binnenwereld. Hoewel Plessner zelf niet spreekt in termen van een derde-, tweede- en eerste-persoonsperspectief, kunnen we de drie werelden die hij onderscheidt met deze perspectieven verbinden. De buitenwereld is ons primair gegeven in het derde-persoonsperspectief, terwijl we de medewereld vanuit een tweede-persoonsperspectief ervaren in onze interactie met andere levende wezens (en medemensen in het bijzonder) en de binnenwereld ons wordt ontsloten in het eerste-persoonsperspectief van de introspectie.

Hoe is het om een amoebe te zijn? *Wanneer Plessner schrijft over de plantaardige en de dierlijke levensvorm, dan is dat geen poging om vanuit een eerste-persoonsperspectief de subjectieve ervaring van dieren en planten te beschrijven, maar de opeenvolgende stadia van belichaming. Omdat de menselijke levensvorm de belichaming van plant en dier incorporeert, zijn we in staat om ons tot op zekere hoogte 'in te leven' in dieren en planten. Wanneer we zien hoe de zonnebloem in onze tuin is gegroeid, of hoe een amoebe zijn schijnvoetjes uitstrekt naar een bacterie om deze vervolgens te 'verorberen', dan herkennen we daarin aspecten van ons eigen leven dat eveneens op voeding en groei is aangewezen. En als het gaat om onze omgang met meer verwante soorten als de hond, dan komt daar ook nog een tweede-persoonsperspectief van de beleving bij. Wanneer een hond zijn speelbot voor onze voeten legt en zich klaarmaakt om het weer weg te grissen zodra we het willen pakken, dan herkennen we onmiddellijk de intentie om te spelen. In het interactieve spel begrijpen we de hond zonder dat we ons daarbij een voorstelling hoeven te maken van de subjectieve wijze waarop hij het spel beleeft.*

Vanwege de voor het leven kenmerkende bi-aspectiviteit verschijnt ieder van deze drie werelden aan de mens op ambigue wijze: van binnenuit én van buitenaf, als iets waar activiteit vanuit gaat én als iets dat passief invloed ondergaat. Zo is ons lichaam (als deel van de buitenwereld) niet alleen gegeven als lichaam (*Körper*), dat wil zeggen een ding dat een specifieke plaats inneemt in een objectief ruimtetijdcontinuüm en dat ons overkomt, maar ook als lijf (*Leib*), het doorleefde lichaam dat functioneert als het centrum van ons waarnemen en handelen. Ook onze binnenwereld kent deze ambiguïteit: de beleving gaat van ons uit, wij ervaren onszelf als oorsprong van onze psychische ervaringen, en tegelijkertijd is de beleving iets wat ons overkomt. En ten aanzien van de medewereld geldt dat we niet alleen een *ik* zijn dat gemeenschap en cultuur schept, maar ook deel uitmaken van een *wij* voor zover we door de gemeenschap en de cultuur worden gedragen en gevormd.

Voor zover we een lichaam zijn en hebben, delen we die fundamentele levenskenmerken met planten (het lichaam zijn) en dieren (het zijn en hebben van een lichaam) en herkennen we ons ook min (plant) of meer (dier) in die levensvormen. Maar onze excentrische positionaliteit onderscheidt ons tegelijkertijd op fundamentele wijze van de plant en het dier. Waar planten en dieren afgestemd zijn op hun omgeving (*Umwelt*), daar zien wij ons gesteld tegenover een principieel open wereld (*Welt*) – mogelijk vanwege het door mutaties of leerprocessen veroorzaakte verlies van bepaalde genen die onze evolutionaire voorgangers de onmiddellijke zekerheid van gefixeerde instincten boden. Vanwege zijn excentrische positionaliteit is de mens zowel van de wereld als van zijn medemensen en zichzelf door een kloof gescheiden: 'Als excentrisch wezen niet in balans, plaatsloos, tijdloos in het niets staand, constitutief thuisloos moet hij "iets worden" en zich een evenwicht scheppen' (idem, 385).

Uit deze gesteldheid leidt Plessner drie antropologische grondwetten af. De eerste luidt dat de mens een *van nature kunstmatig* wezen is:

> De mens wil ontsnappen aan de ondraaglijke excentriciteit van zijn wezen, hij wil de halfheid van zijn eigen levensvorm compenseren. [...] Excentriciteit en de behoefte aan een supplement zijn twee zijden van dezelfde medaille. Behoeftigheid mag hier niet in een subjectieve betekenis of psychologisch worden opgevat. Ze gaat vooraf aan iedere subjectieve behoefte, aan iedere drang, drift, tendens, menselijke wil. In deze behoeftigheid of naaktheid ligt de beweeggrond voor iedere specifiek menselijke, dat wil zeggen op het (nog) niet werkelijke [*Irrealis*] gerichte en met kunstmatige middelen uitgevoerde activiteit, de laatste grond voor het *werktuig* en datgene wat het dient: de *cultuur*.
> (Plessner 1975, 385)

De mens is fundamenteel onaf. Het is daarom dat hij een *geschiedenis* heeft, aangezien hij zich telkens opnieuw nog moet verwerkelijken. Techniek en cultuur zijn voor de mens niet alleen en niet in de eerste plaats instrumenten om te overleven, maar een 'ontische noodzakelijkheid' (idem, 396). In deze zin is ook bij Plessner de *embodied cognition* van de mens op fundamentele wijze een geëxternaliseerde (*extended*) levensvorm. De mens, zo zouden we het ook kunnen uitdrukken, is van meet af aan een cyborg geweest, dat wil zeggen een hybride versmelting van organische, technologische en culturele elementen.

Hoewel de mens een schepper is van techniek en cultuur stelt de tweede antropologische grondwet van Plessner, die van de *bemiddelde onmiddellijkheid*, dat deze sferen een eigen gewicht verkrijgen en als zodanig aan de controle van de mens ontsnappen:

> Want even wezenlijk voor de technische hulpmiddelen is hun eigen gewicht, hun objectiviteit die aan hen verschijnt als datgene wat alleen kan worden gevonden en ontdekt, en niet gemaakt. Wat de sfeer van de cultuur binnentreedt, vertoont gebondenheid aan zijn menselijke schepper, maar is tegelijkertijd (en in dezelfde omvang) van hem onafhankelijk.
> (Idem, 397)

Mensen zijn, met andere woorden, weliswaar de scheppers van techniek en cultuur, maar ze zijn net zozeer een product daarvan. En door hun eigen gewicht zijn techniek en cultuur nooit volledig beheersbaar. De mens blijft echter dromen van datgene wat hij op grond van zijn excentrische positie per definitie moet ontberen: 'Geborgenheid, verzoening met het noodlot, uitleg van de werkelijkheid, een thuis' (idem, 420).

Dat vormt de kern van Plessners derde antropologische grondwet, die van de *utopische positie*. Juist omdat de mens 'constitutief thuisloos' is, zal hij altijd religieuze dromen blijven koesteren over een 'thuis', maar deze dromen zijn ook veroordeeld voor altijd illusies te blijven. Ook het gegeven dat in een seculiere samenleving als de onze de techniek de utopische rol van de religie grotendeels heeft overgenomen, maakt deze wet niet minder geldig. Volgens Plessner is met de excentrische positionaliteit het hoogste positionaliteitsstadium van het leven bereikt:

> Een verdere stijging (*Steigerung*) van de positionaliteit daarbovenuit is onmogelijk, want het levende ding is nu werkelijk achter zichzelf gekomen.
> (Idem, 363)

Gezien Plessners biologische achtergrond is deze laatste opmerking verrassend. Want op basis van de evolutie van het leven lijkt het naïef te veronderstellen dat de evolutie van het leven met de huidige mens zijn voltooiing zou hebben bereikt. In het vervolg van dit essay zal ik hier uitvoerig op terugkomen, en dan zal blijken dat de antropologische wetten van Plessner aan een opmerkelijke herijking toe zijn. Op grond van zijn excentrische positionaliteit lijkt de mens voorbestemd het eerste wezen in de evolutie te worden dat zijn eigen evolutionaire opvolgers schept. En daarmee is hij al in zijn in nevelen gehulde voorgeschiedenis begonnen.

Reconstructie van 'Lucy', die meer dan drie miljoen jaar geleden in Afrika leefde.

Homo sapiens 1.0 en 2.0

Als er iets is dat ons in de evolutie van het leven fascineert, dan is het wel onze eigen evolutionaire herkomst. Die voert naar de laatste gemeenschappelijke voorouder van de chimpansee en mens, die ongeveer zes miljoen jaar geleden in Afrika moet zijn uitgestorven. De lijn daarvandaan naar het geslacht Homo loopt via de *Ardipithecus*, die ongeveer 6 tot 4 miljoen jaar geleden leefde, en de *Australopethicus*, die de volgende twee miljoen jaar voor zijn rekening nam.

Deze laatste soort is vooral bekend geworden door het half complete skelet van 'Lucy' dat in 1974 in de Afar-driehoek in Noord-Ethiopië werd opgegraven. De anatomie van de ca. 120 centimeter lange en ongeveer 30 kilo wegende *Australopethicus* wijst erop dat zij zich rechtstandig voortbewoog, en de in haar nabijheid gevonden botten met snijsporen maken het aannemelijk dat deze soort werktuigen gebruikte en vlees at, maar toch is de schedelinhoud met ca. 400 cm^3 niet veel groter dan die van de chimpansee. Hoewel er een zekere correlatie bestaat tussen de omvang van de hersenen en intelligentie, zegt de schedelinhoud lang niet alles. In de eerste plaats is de relatie tussen herseninhoud en lichaamsgrootte van belang. Een walvis heeft grotere hersenen dan de mens, maar moet daarmee ook een veel groter lichaam besturen. Bovendien is intelligentie behalve van het aantal neuronen (zenuwcellen) in het brein ook sterk afhankelijk van het aantal onderlinge verbindingen (dendrieten, axonen en synapsen) *tussen* die neuronen.

De reden om aan te nemen dat de *Australopethicus* ondanks het nog steeds relatief kleine brein een belangrijke tussenschakel vormt naar het geslacht *Homo*, is dat zich hier 3,5 miljoen jaar geleden een duplicatie voordeed van het bij alle zoogdieren voorkomende SRGAP2-gen. Dit gen speelt een belangrijke rol in de ontwikkeling van het brein, en bij de mens in het bijzonder in de ontwikkeling van de neocortex, het deel van het brein dat cruciaal is voor bewustzijn en taal (Dennis e.a. 2012, Reardon 2012). Bij een dergelijke duplicatie vindt er als gevolg van een kopieerfoutje een mutatie van het gen plaats, die erin bestaat dat dit deel van het genoom per ongeluk tweemaal wordt gekopieerd. Bij alle volgende kopieën van het gen blijft deze 'fout' behouden. Een complete genduplicatie gebeurt maar hoogst zelden, vanaf de gemeenschappelijke voorouder van de chimpansee en mens is dat waarschijnlijk niet meer dan een keer of dertig voorgekomen. Bijzonder is dat dit een miljoen jaar later bij het reeds gemuteerde SRGAP2-gen nog een keer gebeurde. De mutatie versnelde de ontwikkeling van het brein in het individu niet zozeer, maar veroorzaakte juist een vertraging. Het gevolg daarvan was dat het aantal verbindingen tussen de neuronen in het brein drastisch toenam, een effect dat ook optreedt bij muizen wanneer het gemuteerde gen daar wordt ingebracht (Charrier e.a. 2012).

De eerste tekenen van de toename van intelligentie zien we reeds bij de *Homo habilis*, die tussen 2,3 en 1,4 miljoen jaar geleden in Oost-Afrika leefde. Met een geschatte lengte van ongeveer 140 cm was hij niet veel groter dan de *Australopethicus*, maar zijn herseninhoud ontwikkelde zich van ca. 400 naar 550-700 cm^3. En in Tanzania en Kenia gevonden werktuigen wijzen erop dat hij de eerste soort binnen de mensachtigen was die niet alleen stenen werktuigen gebruikte, maar ook zelf simpele stenen werktuigen vervaardigde (naar een belangrijke vindplaats *Oldowan* genoemd).

De *Homo ergaster*, die tussen 1,9 en 1,3 miljoen jaar geleden in Oost- en Zuid-Afrika leefde, ca. 190 meter lang was en een hersenvolume van 700-1100 cm^3 had, maakte reeds meer verschillende en fijner bewerkte snijwerktuigen en vuistbijlen (aangeduid als *Acheulien*), beheerste het gebruik van vuur en leefde in seizoengebonden tentenkampen. De sociale organisatie heeft waarschijnlijk geleken op die van nomadische jagers-verzamelaars zoals we die ook nu nog sporadisch aantreffen op aarde (Gray 2010).

Die *Homo ergaster* stond vervolgens aan de wieg van verschillende latere *Homo*-soorten, zoals de nauw aan *Ergaster* verwante (Aziatische) *Homo erectus*, die van 1,8 miljoen jaar tot 143.000 jaar geleden leefde en zich vanuit Afrika verspreidde tot ver in Azië en zich in zijn lange geschiedenis ontwikkelde tot een afzonderlijke soort, de *Homo antecessor* (1.200.000-800.000, Europa) en de *Homo heidelbergensis* (600.000-200.000, Afrika, Europa en West-Azië). De laatste vertakte zich in diverse verwante soorten zoals de in 2008 ontdekte *Homo denisova* en de *Homo neanderthalensis*, die tezamen vaak met de verzamelnaam *archaïsche Homo sapiens* worden aangeduid.

Ik zal deze van de *Homo heidelbergensis* afstammende voorouders van de huidige mens in het vervolg kortheidshalve samenvatten met de naam *Homo sapiens* 1.0. Anatomisch bezien waren deze soorten grotendeels identiek aan ons. Recent onderzoek toont aan dat ze zich zelfs hebben gekruist met onze eigen *Homo sapiens sapiens*, de enige nog levende mensensoort. De oudste fossielen van onze eigen soort, die ongeveer 195.000 jaar oud zijn, zijn gevonden in Ethiopië en suggereren dat ook deze zijn wortels in Afrika heeft. In de afgelopen decennia hebben nieuwe paleontologische vondsten en genetisch onderzoek ons echter regelmatig genoopt onze stamboom bij te stellen, en zonder twijfel zullen nieuwe vondsten nopen tot verdere aanpassingen.

Genetisch verwant. *In 2012 en 2013 werd het complete genoom van de Denisova en de Neanderthaler vastgesteld. Daaruit bleek dat de niet-Afrikaanse Homo sapiens sapiens zich tijdens zijn verspreiding door Eurazië ook heeft gekruist met Denisova, aangezien hij ca. 2% van diens genen bezit. Huidige bewoners van Oceanië hebben zelfs 3 tot 6% denivosa-DNA in hun lichaamscellen. Hoe genetisch verwant we met die soorten zijn, blijkt ook uit het feit dat van de ca. 20.000 genen die Homo sapiens sapiens bezit, er slechts 87 werkelijk uniek zijn. Een deel daarvan is vooral actief tijdens de vorming van het foetale brein, maar de precieze functie ervan is nog onbekend (Prüfer e.a. 2013).*

Het meest opvallende verschil tussen *Homo sapiens* 1.0 en de hedendaagse mens (die ik hierna zal aanduiden als *Homo sapiens* 2.0) is de wat robuustere bouw van onze verre voorouders. Dat hangt ongetwijfeld samen met het feit dat ze fysiek een zwaarder leven hadden dan de huidige mensheid, waarvan de levensfuncties door allerlei technologieën worden ondersteund. Ook de herseninhoud was met 1200-1400 cm^3 dezelfde als die van de moderne mens. Wel hadden de archaïsche mensensoorten een veel kleinere kin, prominente wenkbrauwen en een naar achteren aflopend voorhoofd. Dat duidt erop dat de prefrontale cortex, het deel van de hersenen dat betrokken is bij cognitieve en emotionele functies als beslissingen nemen, plannen, sociaal gedrag en impulsbeheersing, waarschijnlijk minder ontwikkeld was dan bij de huidige mens. Volgens Desmond Morris

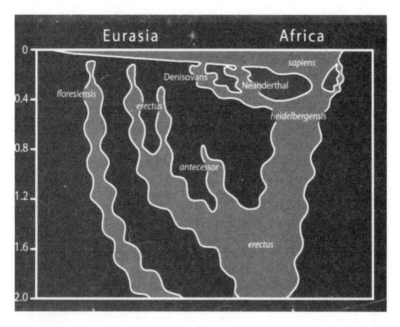

De evolutie van *Homo sapiens 1.0* naar *2.0*.

speelt het verticale voorhoofd ook een belangrijke rol bij menselijke communicatie, onder meer door de beweging van de wenkbrauwen en de rimpeling van de huid.

De groei van de schedel bij het *Homo*-geslacht bracht overigens ook problemen met zich mee, aangezien er grenzen zijn aan de anatomische aanpassing van het bekken van de vrouw om het steeds groter wordende hoofd bij de geboorte doorgang te bieden. Dat heeft ertoe geleid dat de huidige mens vanuit een biologisch perspectief bezien te vroeg geboren wordt en een deel van zijn groei buiten de baarmoeder doorbrengt. Dat extra-uteriene jaar maakt het mensenkind niet alleen nog hulpelozer dan pasgeborenen van andere mensachtigen, maar heeft als neveneffect dat de mens in een flexibelere verhouding tot zijn aangeboren eigenschappen staat en opvoeding een bijzonder belangrijke rol speelt. Een laatste verschil is dat het leefgebied van *Homo sapiens 1.0* zich beperkte tot Afrika en Eurazië, terwijl *Homo sapiens 2.0* zich over de gehele aarde heeft verspreid, met uitzondering van Antarctica.

Genocide of hybride? De Homo neanderthalensis, lang beschouwd als een voorouder van de mens, maar volgens huidige inzichten eerder een 'neef' van Homo sapiens 2.0, spreekt nog altijd tot de verbeelding. Al was het maar omdat hij naar evolutionaire maatstaven bezien nog maar kort geleden is uitgestorven. Hij kwam vooral voor in Europa, waar hij een kleine 100.000 jaar geleden in aanraking kwam met Homo sapiens sapiens, die rond die tijd uit Afrika noordwaarts trok. Een van de mogelijke redenen van het uitsterven van de Neanderthaler is dat hij in de strijd om het bestaan het onderspit heeft gedolven tegen deze technisch superieure Homo sapiens 2.0. Zijn leefgebied werd in ieder geval steeds kleiner en beperkte zich uiteindelijk tot de Pyreneeën. Ze waren echter genetisch zo aan elkaar verwant, dat ze zich ook hebben gekruist.

Recent onderzoek laat zien dat beide soorten tussen 86.000 en 37.000 jaar geleden genetisch materiaal hebben uitgewisseld, waardoor Europese Homo sapiens 2.0 en Aziatische nakomelingen in tegenstelling tot Afrikanen een paar procent Neanderthaler-DNA bezitten. Een andere aanwijzing voor de kruising vormt de verdeling van het antigen D (resusnegatief en resuspositief) over de wereldbevolking. Van de Basken is 33% resusnegatief, terwijl dat bij de rest van de Europeanen ongeveer 15% is, en bij Aziaten en Afrikanen nog veel minder. Daar komt bij dat de Baskentaal niet verwant is met enig andere bekende taalgroep. Een mogelijke verklaring voor deze feiten zou kunnen zijn dat de Basken de culturele nazaten zijn van de Neanderthalers, in die zin dat de Baskentaal wortelt in de taal van de Neanderthalers, hoewel lang is gedacht dat de Neanderthalers door de afwijkende bouw van hun strottenhoofd geen gesproken taal hadden. Inmiddels is echter aan de hand van een DNA-analyse van 40.000 jaar oude Neanderthaler-botten vastgesteld dat zij hetzelfde 'taalgen' hadden als Homo sapiens. Een en ander suggereert dat de Baskische afscheidingsbeweging kan bogen op een imposante geschiedenis!

Een vondst op het Indonesische eiland Flores in 2004 werpt eveneens licht op de grillige wordingsgeschiedenis van de mens. De daar ontdekte botresten van de slechts 90 centimeter lange Homo floresiensis zijn tussen de 95.000 en 17.000 jaar oud, wat maakt dat deze soort mogelijk pas heel recent is uitgestorven. Tegelijkertijd zijn er stenen werktuigen aangetroffen van 840.000 jaar oud. Aanvankelijk werd gedacht dat de Floresiensis is voortgekomen uit de Aziatische Homo erectus en wellicht een miljoen jaar in isolement heeft geleefd. De kleine gestalte zou dan te wijten zijn aan dwerggroei, wat vaker voorkomt op eilanden omdat door het ontbreken van natuurlijke vijanden grootte geen bepalende factor meer is in de natuurlijke selectie. (Op Flores zijn ook resten gevonden van een 'dwergolifant' – Stegodon sompoensis – waarvan de schofthoogte niet meer dan anderhalve meter was.)

Een recentere, spectaculaire hypothese is dat de Homo floresiensis mogelijk rechtstreeks afstamt van Australopethicus, die dan lang voor het geslacht Homo al uit Afrika moet zijn vertrokken. Een mogelijke verklaring voor het uitsterven van Homo floresiensis is een enorme vulkaanuitbarsting die het gebied 17.000 jaar geleden trof. Anderen denken dat genocide door een modernere Homo-soort de oorzaak is geweest. Die verklaring wordt ondersteund door de mythologische verhalen die worden verteld in de Nage-taal die wordt gesproken door bewoners van Centraal Flores. Die mythen handelen over een klein wezen dat Ebu Gogo ('alles etende grootmoeder') wordt genoemd en dat voedsel en mensenkinderen stal om ze het geheim van het koken te ontfutselen. In de folkloristische verhalen van het Nage-volk wordt verteld dat deze wezens nog leefden in de tijd dat de eerste Portugese handelsschepen in de zeventiende eeuw op Flores arriveerden, maar dat ze niet lang daarna zijn uitgeroeid. Zo nu en dan duiken er nog verhalen op over ontmoetingen, diep in het woud, met deze Hobbit-achtige wezens.

Met de komst van de *Homo sapiens 2.0* verschuift het zwaartepunt definitief van natuurlijke selectie naar kunstmatige selectie. De menselijke leefwereld transformeert, eerst langzaam, maar vervolgens sneller en sneller, van een biotoop naar een technotoop, een kunstmatige omgeving. De gevolgen voor de menselijke leefwijze zijn zo groot dat *Homo sapiens sapiens* terecht als een nieuwe ondersoort van het geslacht *Homo* wordt aangeduid. Hoewel natuurlijke eigenschappen vanzelfsprekend belangrijk blijven, zullen culturele en technologische ontwikkelingen steeds bepalender worden voor de aanpassing van *Homo sapiens 2.0* aan zijn omgeving.

Tot de belangrijkste culturele verworvenheden van *Homo sapiens 2.0* behoort zonder twijfel de *taal*, die op basis van genetische en linguïstische reconstructies ongeveer 100.000 jaar geleden moet zijn ontstaan. Vanzelfsprekend kende de mens ook daarvoor al vormen van communicatie, zoals gebarentaal, het nabootsen van gedrag van soortgenoten en klanknabootsingen van andere diersoorten, zoals we die ook reeds bij meerkatten en andere apen aantreffen, maar mensentaal onderscheidt zich vooral door zijn semantische compositionaliteit. Dat wil zeggen dat de betekenis van een uiting niet alleen wordt bepaald door de betekenis (semantiek) van de samenstellende delen en de context waarin ze worden gebruikt (pragmatiek), maar ook door de manier waarop deze worden gecombineerd (syntaxis).

De betekenis van de zin 'Marie slaat Piet' is immers niet alleen afhankelijk van de betekenis van de woorden 'Marie', 'slaat' en 'Piet' en de personen en handeling waarnaar ze verwijzen, maar ook van de volgorde: de zinnen 'Piet slaat Marie' en 'Slaat Marie Piet?' hebben immers een andere betekenis dan 'Marie slaat Piet'. De syntaxis van menselijke taal is bovendien recursief: je kunt in iedere zin een willekeurig aantal nieuwe zinnen onderbrengen ('Ik heb gehoord dat Jan, de broer van Piet, die in Middelburg, de hoofdstad van Zeeland, woont, gezien heeft dat Marie Piet slaat'). Dankzij de genoemde eigenschappen kunnen we in principe een oneindig aantal verschillende zinnen maken.

De oorsprong van de taal. *Omdat de taal geen fossielen achterlaat en we daarom aangewezen zijn op indirecte bewijzen, zoals anatomische veranderingen aan het strottenhoofd, is de oorsprong* *ervan nog met veel vragen omgeven. Een kleine minderheid, aangevoerd door de linguïst Chomsky, houdt het erop dat de taal plotsklaps is ontstaan door een cruciale genetische mutatie (Chomsky 2004).*

De afgelopen jaren is er veel onderzoek verricht naar het FOX2P-gen (ook wel aangeduid als het 'taalgen'). Dit gen heeft belangrijke regulerende functies ten aanzien van andere genen die betrokken zijn bij de ontwikkeling van het brein, en meer in het bijzonder bij neuroplasticiteit, vocalisering en taal, en het heeft bij de mens (en de Neanderthaler) een aantal kleine veranderingen ondergaan (Spiteri e.a. 2007). Experimenten met zangvogels, waarvan het FOX2P-gen veel overeenkomsten vertoont met dat van de mens, hebben geleerd dat het 'uitzetten' van het gen bij jonge dieren leidt tot incomplete en onnauwkeurige imitatie van de zang.

Het is echter ook mogelijk dat bepaalde gedragsveranderingen, zoals de voor het geslacht Homo kenmerkende vervaardiging van stenen werktuigen, een belangrijke rol hebben gespeeld in de ontwikkeling van de taal. Niet alleen omdat de overdracht van de benodigde technische vaardigheden een 'pedagogisch klimaat' schiep dat vocale communicatie stimuleerde, maar ook omdat de motorische recombinatie van een beperkt aantal basishandelingen leidde tot bepaalde neurale netwerken in de hersenen, die in een proces van exaptatie overgedragen konden worden op de productie van reeksen klanken. De ontwikkeling van het talige, syntaxicale vermogen versterkte op zijn beurt de motorische vaardigheden die nodig zijn om werktuigen te maken. Techniek en taal ontwikkelden zich zo in co-evolutie. Neurowetenschappelijk onderzoek naar het gebied van Broca in de menselijke hersenen bevestigt dat er een belangrijke anatomische en functionele overlapping bestaat tussen de neurale netwerken die betrokken zijn bij het spreken en de neurale netwerken voor het maken van werktuigen (Chaminade 2012).

De invloed van de door semantische compositionaliteit en recursieve syntaxis gekenmerkte taal op de ontwikkeling van de menselijke soort kan moeilijk worden overschat. De taal stelt de mens immers niet alleen in staat om de wereld om hem heen te benoemen, maar het lineaire en discursieve karakter ervan maakt het ook mogelijk om de aldus benoemde wereld op subtiele wijze te *analyseren*.

Dankzij taal kunnen we van concrete objecten en situaties abstraheren en in algemene categorieën denken. Woorden roepen bovendien op spontane wijze ervaringen uit het verleden op en helpen ons te anticiperen op toekomstige ervaringen. Dergelijke anticipaties zijn cruciaal voor de oplossing van complexe problemen en voor langetermijnplanning.

Niet minder belangrijk is dat de taal mensen ook in staat stelt om complexe informatie op een veel gedetailleerdere wijze te *communiceren* dan in een uitsluitend mimetische cultuur mogelijk is, zodat handelingen beter op elkaar kunnen worden afgestemd. Door zijn rijke vocabulaire en abstraherend vermogen verrijkt de orale taal bovendien het collectieve leren. Ook draagt de taal op efficiënte en effectieve wijze bij aan de accumulatie van door individuen verworven kennis en vaardigheden. In vergelijking met de zeer traag verlopende natuurlijke selectie en het voortalige individuele leren, heeft het collectieve leren de menselijke ontwikkeling in een stroomversnelling gebracht. Dankzij het collectieve leren heeft de mens in een naar evolutionaire maatstaven gemeten zeer korte tijd een rijke verscheidenheid aan culturen geschapen.

Taal lijkt ook nauw verbonden te zijn met onze excentrische positionaliteit. Taal stelt ons in staat om *met onszelf in gesprek* te gaan, bijvoorbeeld om onze aandriften en motieven te ondervragen en zo een zekere zelfkennis te verwerven. Doordat er gereflecteerd kan worden op de consequenties van het handelen, wordt er ook een zekere afstand tot onze instincten en driften gecreëerd, wat onze handelingen minder impulsief maakt. De taal maakt het bovendien mogelijk om onze (episodische) herinneringen in een lineaire en causaal-narratieve samenhang te plaatsen. Daarmee krijgen niet alleen de gebeurtenissen uit het verleden betekenis, maar ook wijzelf verkrijgen een narratieve identiteit. Wij worden steeds meer ons levensverhaal.

Minstens zo belangrijk als de ontwikkeling van de gesproken taal is de ontwikkeling van het *schrift*. Ook deze ontwikkeling lijkt vroege evolutionaire wortels te hebben. Te denken valt aan het 'gebruik' van indexicale en iconische tekens door dieren. Een voorbeeld van een indexicaal teken is de afbakening van het territorium door geursporen, zoals honden en tijgers dat doen. En de dans van de honingbij, waarmee hij richting en afstand tot gevonden nectar uitbeeldt, is een vroeg voorbeeld van het gebruik van iconische tekens. Het menselijke schrift wordt daarentegen gekenmerkt door het arbitraire karakter van de gebruikte symbolen, de omvang van het vocabulaire (de gemiddelde spreker van een natuurlijke taal kent al snel een 40.000 woorden) en de externalisering van de gebruikte tekens. Ook dat laatste kwam overigens niet uit de lucht vallen.

Deze ontwikkeling zet in bij *Homo sapiens 1.0*, waar de gebruikte symbolen nog grotendeels iconisch van aard waren. Daarbij kan worden gedacht aan lichaamsbeschildering (300.000 jaar geleden), markeringen in botten (200.000), twee- en driedimensionale afbeeldingen zoals grotschilderingen en beeldjes van mensenfiguren (40.000) en symbolen die werden gebruikt bij ruilhandel om de hoeveelheid ontvangen of geleverde goederen te noteren (15.000). Vervolgens werden de externe symbolen gekoppeld aan de gesproken taal. Aanvankelijk waren de tekens nog voornamelijk iconisch van aard, zoals we dat zien bij Egyptische hiërogliefen (6000) en de oudste Chinese ideogrammen (5000), maar deze werden gaandeweg vervangen door arbitraire symbolen, uitmondend in het fonetische alfabet (4000).

Een belangrijk kenmerk van door externe symbolen bemiddelde cognitie is dat een deel van de cognitieve structuur niet langer in het menselijk lichaam is gelokaliseerd, maar in een extern medium van geheugenopslag. Mogelijk hangt deze *outsourcing* samen met het feit dat een verdere uitbreiding van het systeem in het lichaam door verdere groei van de hersenen om meerdere redenen problematisch is. Niet alleen zou een verdere groei van de schedel een nieuwe aanslag betekenen op het bekken van de vrouw, maar ook aan de verlenging van de extra-uteriene periode zit een grens. Een verdere groei van de al topzware schedel maakt de mens bovendien nog kwetsbaarder voor fataal letsel dan hij al was. Ook het feit dat de hersenen, hoewel ze maar ca. 2% van het lichaamsgewicht uitmaken, maar liefst 20% van de energie consumeren, maakt een verdere groei binnen in de schedel geen begaanbare weg.

Het uitbesteden van de geheugenfunctie leidde opnieuw tot een belangrijke transformatie van de cognitieve structuur. Terwijl het schrift het biologische geheugen enerzijds ontlastte, moest het lichaam zich tegelijkertijd aanpassen aan het nieuwe medium. Om te kunnen lezen en schrijven dienden nieuwe 'modules' in de hersenen te worden ontwikkeld, iets wat door de plasticiteit van de neocortex relatief eenvoudig was. Maar ook op een andere manier betekende het schrift een transformatie van de menselijke cognitie. In de orale taal zijn de woorden vluchtig, en om gedachten te bewaren moeten allerlei geheugentechnieken worden ontwikkeld om te voorkomen dat ze worden vergeten, zoals vaste narratieve schema's, voortdurende herhaling van elementen en lichamelijke uitbeelding. Ook is de orale taal sterk contextueel van aard en verbonden met de sociale leefwereld. Het schrift individualiseert en verinnerlijkt in de zin dat lezen en schrijven gaandeweg activiteiten worden die men alleen en in stilte uitvoert. En waar de taal in orale communicatie heel veel verschillende functies uitoefent (bevel, vraag, gebed), daar is geschreven taal vooral beschrijvend. Bovendien neemt de abstrahering die door de orale taal werd ingezet, dankzij het schrift een hoge vlucht. Schrift maakt het mogelijk gedachten te preciseren en te structureren in complexe gehelen. Het is niet verwonderlijk dat met het schrift filosofie en wetenschap hun vleugels begonnen uit te slaan.

Dat de door de gesproken en geschreven taal veroorzaakte 'culturele revolutie' niet zonder succes is geweest, laat zich onder meer aflezen aan de spectaculaire groei van de wereldbevolking. Demografen schatten dat het aantal mensen 30.000 jaar geleden niet veel groter is geweest dan enkele honderdduizenden. Op de grens van de Oude Steentijd (*Paleolithicum*) en Nieuwe Steentijd (*Neolithicum*), ongeveer 10.000 jaar geleden, waren het er al vijf à zes miljoen, ruim tien keer zoveel. Dat is een substantiële toename, maar deze was niet zozeer te danken aan een fundamentele verandering in de leefstijl van jagers-verzamelaars of de omvang van de stammen, als wel aan een fikse toename van het aantal stammen en hun verspreiding over vrijwel de gehele aarde. Momenteel leven er meer dan zeven miljard mensen op de aarde, dat is ruim *duizend* keer zoveel als in het Neolithicum. Dat is mogelijk geworden door twee grote technologische en culturele revoluties in de geschiedenis van de mensheid: de Agrarische Revolutie aan het begin van de Nieuwe Steentijd, en de Industriële Revolutie in de achttiende en negentiende eeuw.

De Agrarische Revolutie was een antwoord op het voedselprobleem dat ontstond op het moment dat de hele aarde bewoond was. Jagers-verzamelaars zijn aangewezen op een relatief groot gebied teneinde over voldoende voedsel te kunnen beschikken. Zolang er nog ruimte beschikbaar was voor 'extensivering', bood verspreiding van de groeiende populatie over een groter gebied een oplossing. Maar zodra er geen nieuwe gebieden meer waren en steeds meer grote zoogdieren (zoals mammoeten en sabeltandtijgers) door de jacht werden uitgeroeid, werd de mens gedwongen tot 'intensivering' van de voedselvergaring. Deze werd gevonden in landbouw en veeteelt. Wat daarbij hielp was dat ongeveer 11.000 jaar geleden de laatste IJstijd op zijn eind liep en het klimaat wereldwijd opwarmde, waardoor de omstandigheden voor landbouw aanmerkelijk verbeterden. Tegen deze achtergrond is het ook niet zo verbazingwekkend dat de introductie van landbouw en die van veeteelt tussen 11.000 en 4000 jaar geleden onafhankelijk van elkaar plaatsvonden op verschillende continenten.

> **Leve het paleontologische leven!** *Hoewel de ontwikkeling van* Homo sapiens 2.0 *zonder meer spectaculair is, is daarmee vanzelfsprekend niet beweerd dat het leven van de mensheid daardoor ook beter of plezieriger is geworden. De nomadische* Homo sapiens 1.0, *die met jagen en verzamelen in zijn levensonderhoud voorzag, had waarschijnlijk al met al zo'n slecht leven nog niet. De jagers-verzamelaars in de Oude Steentijd, zo argumenteert Marshall Sahlin in zijn boek* Stone Age Economics, *hadden een gezond voedingspatroon (dat inzicht heeft de afgelopen jaren geleid tot een hausse in zogenaamde Paleo-diëten). Zij hoefden slechts een paar uur per dag te werken en kenden als nomaden nauwelijks een verlangen naar de accumulatie van goederen. Bovendien zouden de in kleine familieverbanden samenlevende groepen tamelijk egalitair zijn, wat weinig aanleiding gaf tot onderlinge afgunst (Sahlins 1972). Zou het daarom zijn dat Karl Marx zich in zijn schets van de toekomstige klasseloze samenleving, waarin we wat zouden jagen in de ochtend, een beetje vissen in de middag en het vee hoeden in de avond, door de jagers-verzamelaars heeft laten inspireren?*

Het resultaat van de Agrarische Revolutie was een bijzonder intensieve vorm van symbiose tussen de mens en de door hem gedomesticeerde gewassen en dieren. Die symbiose leidde ertoe dat de mens en die gewassen en dieren in een proces van co-evolutie traden en niet langer onafhankelijk van elkaar konden overleven. Waar de gedomesticeerde soorten door de teelt ook genetisch grote veranderingen ondergingen, waren de gevolgen voor de mens vooral cultureel van aard. Ongeveer 5000 jaar geleden ontstonden dankzij de succesvolle symbiose op verschillende plaatsen agrarische beschavingen, die gepaard gingen met nieuwe sociale, culturele en technologische innovaties, met de vorming van steden en de ontwikkeling van sterk hiërarchisch georganiseerde machtsrelaties, die uiteindelijk uitmondden in grote, autoritair geleide rijken en staten. Deze nieuwe wereld bracht ook een nieuw mensentype voort, de *Homo sapiens* 2.1, die weliswaar genetisch nauwelijks afweek van zijn voorgangers, maar die, aangestuurd door de cultuur, wel een indrukwekkende reeks cognitieve transformaties zou ondergaan.

Hoewel dankzij de agrarische revolutie de bevolkingsgroei kon blijven toenemen, van ca. 5 miljoen aan het begin van de Agrarische Revolutie tot ca. 250 miljoen in het jaar 1000 n.Chr., werd deze met een zekere regelmaat afgeremd door de zogenaamde malthusiaanse cyclus. De opeenvolgende Agrarische Beschavingen in de verschillende werelddelen laten telkens opnieuw een cyclus zien van groei en indrukwekkende culturele bloei naar neergang en uiteindelijk totaal verval. Soms kwam dat laatste door het ineenstorten van een bepaalde machtsstructuur, zoals dat gebeurde in het Romeinse Rijk, maar vaak waren er ook demografische oorzaken. Als gevolg van misoogsten, ecologische rampen en grote epidemieën kwam het met enige regelmaat voor dat de bevolking werd gedecimeerd.

Toen tussen 1000 en 1700 n.Chr. de wereldbevolking door de toenemende globalisering, o.a. in de vorm van kolonialisme, groeide tot ca. 750 miljoen, bleken agrarische samenlevingen niet meer in staat voldoende voedsel te produceren om zichzelf te handhaven en bereikte de Agrarische Beschaving als zodanig het einde van haar levenscyclus. Dat was het moment waarop de tweede omvangrijke omwenteling in de geschiedenis van de mensheid inzette: de Industriële Revolutie. Uitvindingen als de stoommachine, de benzinemotor en kunstmest leidden tot een grootscheepse industrialisering van landbouw en veeteelt ('bio-industrie'). Daardoor werd niet alleen de voedselproductie in een stroomversnelling gebracht, maar ook de groei van de wereldbevolking, die aan het begin van de eenentwintigste eeuw niet minder dan 7 miljard mensen telt.

Homo sapiens 2.2 heeft echter ervaren dat de industriële samenleving ook haar nadelen kent. Zo heeft zij de kloof tussen arm en rijk, die de agrarische samenleving reeds kenmerkte, gemondialiseerd, waardoor miljoenen mensen in de armere regio's van de wereld tegen een hongerloon moeten werken om het luxueuze bestaan in de rijkere regio's mogelijk te maken. Bovendien blijkt ook de industriële samenleving, net als de agrarische die haar voorging, grenzen te kennen. Rapporten als *Grenzen aan de groei*, dat in 1972 door de Club van Rome werd gepubliceerd en dat nog door een hele reeks zou worden gevolgd, waarschuwen voor de gigantische expansie van de wereldeconomie en wereldbevolking, en de daarmee gepaard gaande klimaatverandering en uitputting van energie- en voedselbronnen. Als er niet snel een radicaal andere koers wordt ingezet, zo luidt de boodschap telkens opnieuw, zal dat spoedig leiden tot grote catastrofes.

Misschien moeten wij in dat kader de wereldwijde ontwikkelingen bekijken die wel worden aangeduid als de derde grote revolutie in de geschiedenis van de mensheid, die zich daarmee transformeert tot *Homo sapiens* 2.3: de Informationele Revolutie. Deze nieuwe revolutie brengt niet alleen wereldwijd diepgaande cognitieve, sociale en culturele veranderingen teweeg, maar voedt ook de hoop dat de mens, door een symbiose met de versmeltende technologieën, opnieuw in staat zal blijken een remedie te vinden voor de uitputting van de natuurlijke grondstoffen, door nieuwe bronnen van energie en voedsel aan te boren. Maar zoals we hierna zullen zien, ontnemen die versmeltende technologieën de mens in zijn huidige vorm ook zijn vanzelfsprekendheid. Zij ontsluiten meerdere wegen die leiden naar een toekomstige *Homo sapiens* 3.0.

DEEL II
Onderweg naar *Homo sapiens 3.0*

Extrahumanisme, transhumanisme, posthumanisme

Wanneer over de evolutie van het leven op aarde wordt gesproken, wordt vaak gedacht aan een geleidelijk proces waarin uit simpele levensvormen steeds meer en steeds complexere soorten ontstaan. Dat van die complexiteit klopt, maar bij die geleidelijkheid worden sinds enkele decennia vraagtekens geplaatst. Volgens de *punctuated equilibrium theory* van Niles Eldredge en Stephen Jay Gould worden in de evolutie lange perioden van relatieve stabiliteit afgewisseld met korte perioden waarin revolutionaire veranderingen optreden, meestal na grote ecologische rampen die leiden tot het massaal uitsterven van vele soorten (Eldredge en Gould 1972). Het is mede als gevolg daarvan dat er van de één tot vier miljard soorten die vanaf het begin van het leven op aarde hebben geleefd, momenteel nog maar enkele tientallen miljoenen over zijn.

Telkens nadat zo'n massale extinctie heeft plaatsgevonden, komt er in korte tijd een bonte verscheidenheid aan nieuwe levensvormen tot ontwikkeling. Onder invloed van de natuurlijke selectie blijven dan in iedere beschikbare niche de soorten over die het best zijn aangepast aan de nieuwe omstandigheden en treedt opnieuw een periode van relatieve rust in. Gould is vooral bekend geworden door zijn onderzoek naar de zogenaamde 'Cambrische explosie' (542-488 miljoen jaar geleden), die ook wel wordt aangeduid als 'de Oerknal van het leven'. Aangezien het leven op aarde toen in feite al drie miljard jaar bestond, is dat wel een enigszins misleidende benaming. Maar de keuze is wel begrijpelijk, wanneer we bedenken dat in de eerste twintig miljoen jaar van de Cambrische explosie als uit het niets alle hoofdgroepen in het dierenrijk ontstonden, waarna zich met een toenemende versnelling een enorme diversificatie van klassen, orden, families, geslachten en soorten voordeed (Gould 1991).

Ook meer recent, zij het op kleinere schaal, hebben zich dergelijke revolutionaire omwentelingen in de evolutie voorgedaan. Zo leidde ca. 65 miljoen jaar geleden de inslag van een enorme meteoriet tot het uitsterven van de dinosauriërs, waarna in korte tijd de klasse van zoogdieren tot ontwikkeling kwam die de vrijgekomen levensruimte bezette. En binnen de orde van de primaten ging het geslacht *Homo* in relatief korte tijd vrijwel de gehele aarde domineren, waarbij er van de diverse soorten homininen die tot ontwikkeling kwamen, in een proces van natuurlijke en kunstmatige selectie uiteindelijk alleen de *Homo sapiens sapiens* overbleef.

In ons eigen tijdperk van versmeltende technologieën lijkt zich een nieuwe explosie van (proto)levensvormen voor te doen. In de wereld van de informatietechnologie, nanotechnologie, biotechnologie en robotica wordt vanuit diverse perspectieven gewerkt aan de modificatie en verbetering van bestaande levensvormen en het scheppen van kunstmatig leven. Ondersteund door nanotechnologieën, die het mogelijk maken technisch in te grijpen en machines te maken op de microscopisch kleine schaal van de cel, stevenen deze technologieën af op het scheppen van synthetische organismen, intelligente computers, kunstmatige breinen, hybride half-organische, half-technische levensvormen (cyborgs) en niet te vergeten robots, met alle mogelijke tussenvormen, zoals het versmeltende technieken betaamt. Geologen duiden het huidige, met de Industriële Revolutie begonnen tijdvak wel aan als het Antropoceen, vanwege de grote impact van de mens op klimaat en atmosfeer (Crutzen 2002). Vanuit een evolutionair perspectief bezien doemt daarom de vraag op of we aan de vooravond staan van een 'Antropocene explosie' die het leven op aarde, net als de eerdere Cambrische explosie, op een revolutionaire wijze zal veranderen.

Om verschillende redenen is het onmogelijk daaromtrent exacte voorspellingen te doen. Hoe de versmeltende technologieën het leven op aarde zullen veranderen, zal onder meer sterk afhangen van de technische uitvindingen die in de komende decennia en eeuwen gedaan zullen worden. En als de Antropocene explosie zich volgens de *punctuated equilibrium theory* zal ontwikkelen, is het bovendien niet te voorzien welke van de vele nieuwe levensvormen zich in de natuurlijke en kunstmatige selectie zullen handhaven, en welke zullen gaan domineren. Daar komt nog bij dat als er zich emergente verschijnselen zouden voordoen gedurende deze ontwikkeling, de kenmerken van de nieuwe vormen van complexiteit per definitie niet te voorspellen zijn en mogelijk zelfs in het geheel niet te bevatten zullen zijn voor de huidige menselijke cognitie.

Dat betekent natuurlijk niet dat we alleen maar kunnen afwachten wat de toekomst zal brengen. Aangezien in het Antropoceen de niet-natuurlijke selectie een cruciale factor is geworden in de evolutie, kunnen we ons niet onttrekken aan de verantwoordelijkheid die ons daarmee is gegeven. In de woorden van de evolutiebioloog Gould: 'Niet door een menselijke fout, een kosmisch plan of een bewuste bedoeling, maar door een glorieus evolutionair toeval dat intelligentie heet, zijn we de hoeders geworden van de continuïteit van het leven op aarde. We hebben niet om die rol gevraagd, maar we kunnen haar niet afwijzen. We mogen er niet goed op voorbereid zijn, maar we gaan ervoor!' (Gould 1985)

Een van de manieren om 'ervoor te gaan', is het bedenken van mogelijke alternatieve scenario's die kunnen leiden van de huidige *Homo sapiens 2.3* naar *Homo sapiens 3.0*. In het navolgende zal ik drie mogelijke scenario's schetsen. Het gaat daarbij nadrukkelijk niet om voorspellingen, maar om drie mogelijkheden die zich aftekenen in de ontwikkelingen binnen de versmeltende technologieën wanneer we die plaatsen in het licht van de evolutie tot op heden. De drie scenario's kunnen worden beschouwd als een proeve van de eerdergenoemde 'speculatieve antropologie' (zie blz. 22 e.v.). Elk van de scenario's knoopt aan bij een van de versmeltende wetenschappelijke en technologische ontwikkelingen, respectievelijk neurotechnologie (het *zwermgeest*-scenario), biotechnologie (het *alien*-scenario) en robotica (het *zombie*-scenario).

Een apart scenario voor de informatietechnologie en nanotechnologie wordt niet uitgewerkt. Informatietechnologie kan immers worden beschouwd als het 'besturingssysteem' van neurotechnologie, biotechnologie en robotica, en vormt als zodanig een integraal onderdeel van deze technologieën. En nanotechnologie fungeert binnen de drie scenario's in de eerste plaats als een (onmisbare) *toolbox*.

De volgorde waarin de drie scenario's worden gepresenteerd, hangt samen met de toenemende avontuurlijkheid ervan. Het neurotechnologische *zwermgeest-scenario* beoogt de menselijke cognitie op een hoger plan te brengen. Omdat dit scenario primair gericht is op mensverbetering (*human enhancement*) door technologische supplementen, zou het ook kunnen worden aangeduid als het *extra-humanistische* scenario of het cyborg-scenario. Als we spreken in termen van de biologische classificatie waarin de agrarische *Homo sapiens sapiens* werd aangeduid als *Homo sapiens 2.1*, de industriële variant als *Homo sapiens 2.2* en de informatietechnologische variant als *Homo sapiens 2.3*, dan zouden we de levensvorm die we in het *zwermgeest*-scenario op het oog hebben, *Homo sapiens 2.4* kunnen noemen.

Biologisch gezien wijkt deze niet sterk af van de huidige mens (ook *Homo sapiens 2.0* onderscheidde zich eerder technologisch dan biologisch van *Homo sapiens 1.0*). Maar in zoverre ook technologisch verworven eigenschappen epigenetisch overerfbaar zijn, lijkt dit scenario uiteindelijk te emergeren naar *Homo sapiens 3.0*. Visionairen als Moravec en Kurzweil schrikken er zelfs niet voor terug een scenario te schetsen waarin de menselijke levensvorm geheel opgaat in een kosmische levensvorm, maar zoals we zullen zien, kunnen daar de nodige vraagtekens bij worden geplaatst.

Het biotechnologische *alien*-scenario, ten tweede, is gericht op de ontwikkeling van nieuwe levensvormen. De genetische modificatie van planten en dieren is reeds in volle gang (onder meer met als oogmerk voedsel en brandstof te synthetiseren). Als de huidige en toekomstige biotechnologieën worden toegepast op de mens, zal het resultaat vroeg of laat uitlopen op een fundamentele transformatie van de menselijke levensvorm. Dat hangt samen met het feit dat het hier niet zozeer om technische uitbreidingen van de mens gaat, als wel om veelal onomkeerbare ingrepen in ons biologische bouwplan. Omdat er bovendien niet geringe risico's en onzekerheden aan deze technische ingrepen kleven, zijn de aarzelingen om dit pad op te gaan groot.

Toch zien we dat de publieke opinie niet stilstaat en dat de eerste voorzichtige stappen richting *Homo sapiens 3.0* reeds worden gezet. Omdat dit scenario – gewild of ongewild – voorbij de menselijke levensvorm leidt, zouden we dit scenario ook kunnen aanduiden als het *transhumanistische* scenario. Dit is in een bepaald opzicht het meest conservatieve scenario, omdat het biocentrisch is. Hoewel het vroeg of laat voorbij de mens zal leiden, lijkt het vooralsnog trouw te blijven aan het organische leven zoals dat bijna vier miljard jaar geleden op aarde ontstond. Zij het dat er in de zogenaamde *alien genetics* ook wordt geëxperimenteerd met organische levensvormen die een tamelijk buitenaards karakter bezitten.

Het *zombie*-scenario van de robotica, ten slotte, is het meest revolutionaire scenario, omdat dit gericht is op de creatie van geheel kunstmatige levensvormen, zoals robots en andere intelligente entiteiten die, anders dan het leven dat we tot op heden op aarde hebben gekend, niet zozeer gebaseerd zijn op 'koolstofchemie', maar op een andere grondstof, zoals silicium. In dit *posthumanistische* scenario, dat tegelijkertijd een postbiologisch scenario is, betreden we een heel nieuw domein van leven.

Als we hier spreken van een *Homo sapiens 3.0*, dan is dit enkel in overdrachtelijke zin. Mocht het zich iets gelegen laten liggen aan humane classificaties, dan zal dat nieuwe geslacht zich mogelijk eerder aanduiden als *Robo superior*. Aangezien de ontwikkeling van deze kunstmatige levensvormen de integriteit van de menselijke levensvorm niet aantast, zijn de morele aarzelingen om dit type leven tot ontwikkeling te brengen doorgaans kleiner dan in de twee eerdere scenario's, waarin respectievelijk technologisch en biologisch wordt ingegrepen in de menselijke levensvorm. Anderzijds lijkt het gevaar dat er levensvormen worden gecreëerd die het menselijk leven kunnen overstijgen, bedreigen en zelfs vernietigen, het grootst bij de robotica. Die angst is een rijke bron voor doemdenken en pessimistische genres binnen de sciencefiction.

De drie scenario's die ik presenteer zijn ideaaltypisch in de zin dat ze telkens een van de versmeltende technologieën centraal stellen. Juist vanwege het versmeltende karakter van deze technologieën zijn de drie scenario's in de praktijk moeilijk te scheiden en zijn er tevens vele tussenvormen denkbaar. Een door een brandweerman op afstand bestuurde telerobot die wordt ingezet om mensen uit een brandend huis te redden, of een exoskelet dat een soldaat in staat stelt een zware last te dragen, is eerder te beschouwen als een extensie zoals dat in het *zwermgeest*-scenario wordt besproken dan als een robot. En nanomachines die in de cel de reproductie van het DNA reguleren, bevinden zich op de grens van technologische verbetering en genetische modificatie.

De reden waarom ik voor de hier gepresenteerde scenario's heb gekozen, is dat dit drietal aanknoopt bij onze drievoudige herkomst: materie (robotica), leven (genetica) en bewustzijn (neurotica). Als 'speculatief antropoloog' wil ik aan de hand van de drie scenario's vooral de mogelijkheidszin van de lezer prikkelen. De liefhebbers van wetenschap waarschuw ik dat het navolgende bij tijd en wijle veel weg heeft van sciencefiction. Liefhebbers van fictie daarentegen dienen zich erop voor te bereiden dat de nadruk daarbij meer op science dan op fiction zal liggen.

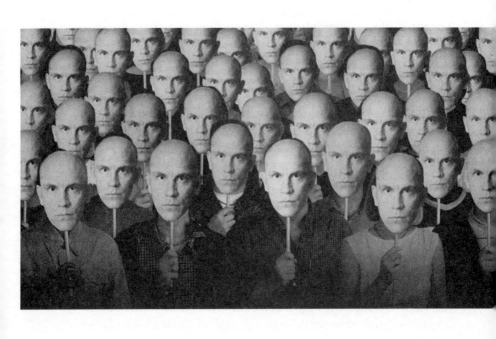

Neurotica: het *zwermgeest*-scenario

Een van de grootste problemen waar we in de informatiesamenleving voor staan is informatieoverlast. Door drukpers, radio, televisie en het internet is de hoeveelheid informatie in de afgelopen eeuwen spectaculair gegroeid. Eén zaterdagse *Volkskrant* bevat evenveel informatie als een zeventiende-eeuwer in zijn hele leven las. De gigantische toename van informatie leidt tot allerlei vormen van informatiestress, infobesitas en informatie-infarcten. Informatie lijkt wat dat betreft op de andere bouwstenen van het universum, materie en energie, want ook daarvoor geldt dat niet alleen een tekort, maar ook een teveel het functioneren van een (levend) systeem kan verstoren of zelfs beëindigen. Complexe systemen blijven alleen in stand wanneer er sprake is van een voortdurende energietoevoer, die tussen een bepaald maximum en minimum moet liggen omdat het systeem anders desintegreert. En evenzeer geldt dat een tekort of overmaat aan bepaalde stoffen (denk aan vitamines) het functioneren van een organisme kan verstoren.

Gelukkig zijn we niet machteloos overgeleverd aan de informatiestroom, maar kennen we een heel scala aan strategieën om de overlast te lijf te gaan. De meest doeltreffende strategie is om je geheel af te sluiten voor informatie. Diep ademhalen en de stekker eruit! Maar tenzij je kiest voor een nomadisch bestaan op de Mookerhei, lijkt dit geen realistische strategie. Een bescheidener strategie bestaat erin regelmatig 'een Zen-momentje' in te lassen en een deel van de informatie in de wachtrij te zetten. Wie zijn e-mail een paar dagen onbeantwoord laat, weet echter dat deze strategie veel weg heeft van een uitstel van executie. Efficiënter is het alleen relevante informatie tot je te nemen. Maar voor wie zich strikt wil beperken tot relevant geachte informatie, is het filteren vaak een ondoenlijke opgave.

Op het eerste gezicht lijkt *multitasking* een betere oplossing te bieden, maar ook deze strategie is niet opgewassen tegen de omvang van de informatieoverlast. De alledaagse praktijk leert, en neuropsychologisch onderzoek bevestigt dit, dat mensen geen goede *multitaskers* zijn (De Mul 2008b). Terwijl we verschillende typen informatie nog wel tegelijkertijd kunnen verwerken, bijvoorbeeld wanneer we tijdens het autorijden naar de autoradio luisteren, is het ondoenlijk om in gezelschap meerdere gesprekken tegelijkertijd te volgen. Die eigenschap delen we overigens met de seriële computer, die in weerwil van de vele *windows* die vaak tegelijk openstaan, telkens maar aan één opdracht tegelijk kan werken. Wat overigens niet mag verbazen, wanneer we bedenken dat die computer naar de mens is gemodelleerd.

In de evolutie van de mensheid is er echter één strategie bijzonder effectief en efficiënt gebleken, en dat is het uitbesteden van het informatiebeheer aan *artefacten*. Hoewel we geneigd zijn te denken dat informatieoverlast typerend is voor onze tijd, is het in feite een probleem van alle tijden. In het voorafgaande kwam de neolithische variant al zijdelings aan de orde. Toen zich 10.000 jaar geleden, aan het begin van de Nieuwe Steentijd, de overgang voltrok van een jagersverzamelaarscultuur naar een agrarische samenleving, werd de samenleving in korte tijd veel complexer. Er ontstonden stedelijke samenlevingsvormen, waarin door de toename van kennis en de ontwikkeling van allerlei nieuwe technologieën de hoeveelheid te verwerken informatie enorm toenam. Het is dan ook niet verwonderlijk dat het schrift in deze periode tot ontwikkeling kwam. Dit *outsourcen* van de geheugenfunctie aan een extern opslagapparaat was een nieuw stadium in de cognitieve ontwikkeling van de mensheid. Daarbij kwamen ook nieuwe cognitieve vaardigheden, zoals lezen en schrijven, tot ontwikkeling.

Het schrift heeft, doordat het de ruimtelijke en tijdelijke begrensdheid van de orale overdracht doorbreekt en een wereldwijde cumulatie van kennis en vaardigheden mogelijk maakt, de ontwikkeling van de cultuur in een stroomversnelling gebracht. Het is echter een eigenaardig medicijn. Want hoewel het schrift onze geest in bepaalde opzichten ontlast van de geheugenfunctie, zadelt het ons anderzijds – zeker sinds de uitvinding van de drukpers in de late Middeleeuwen – op met een enorme hoeveelheid informatie.

Big data. *De beroemde bibliotheek van Alexandrië in de Oudheid bestond uit ongeveer 4000 handschriften. De British Library had in 2013 een collectie van ongeveer 170 miljoen boeken en andere items.*

Met de digitale opslag is de hoeveelheid informatie exponentieel gestegen. De hoeveelheid data op het internet – teksten, databases, foto's, video's etc. – wordt geschat op 5 miljoen Terabytes en iedere dag komen daar 2,5 triljoen (ofwel 10^{18}) bytes (de informatie-eenheid die gelijk staat aan één leesteken) bij. Om dit enigszins bevattelijk te maken: op een dvd past een hoeveelheid informatie die overeenkomt met duizend keer het verzameld werk van Shakespeare. Als we de hele collectie van de British Library op dvd zouden plaatsen, dan levert dat een stapel op ter hoogte van een huis. De hoeveelheid informatie die per dag wordt toegevoegd aan het Internet staat gelijk aan een stapel dvd's van de aarde naar de maan en terug. De totale hoeveelheid informatie verdubbelt iedere twee jaar.

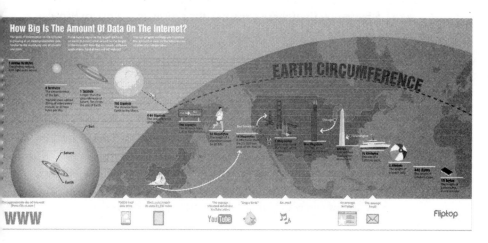

Big data.

In dit licht bezien kan de ontwikkeling van de computer worden beschouwd als een nieuw stadium in het proces van cognitieve uitbesteding. In de huidige informatiesamenleving – die we door de cruciale rol die silicium erin speelt, de Nieuwste Steentijd zouden kunnen noemen – worden niet langer alleen de *producten* van ons denkproces uitbesteed aan een extern artefact, maar ook bepaalde aspecten van het denkproces zelf. Bijvoorbeeld het doorzoeken van de beschikbare informatie. We zijn er niet toe in staat de zestig biljoen (10^{12}) pagina's die het World Wide Web begin 2014 telt – om een indruk van de groei te krijgen: dat is ongeveer zestig maal zoveel als in 2008! – al muisklikkend of tablettikkend zelf te doorzoeken, maar we besteden dat uit aan de zoekmachine van Google waarin een substantieel deel is geïndexeerd.

Zoals het schrift de mens noopte tot het leren lezen en schrijven, zo zet de informatiesamenleving ons aan tot het verwerven van nieuwe vaardigheden die ons in staat stellen computers te integreren in onze cognitieve structuur. Het is wellicht niet toevallig dat er ook nu, net als in Plato's tijd, heftige kritiek wordt geuit op het 'nieuwe leren'. Dit wordt door de tegenstanders beschouwd als een verarming van de menselijke cognitie, die volgens hen onlosmakelijk is verbonden met de cultuur van het boek (zie bijvoorbeeld Carr 2010). Nieuwe technologieën roepen altijd weerstand op, om in de meeste gevallen vervolgens schoorvoetend te worden geaccepteerd en vervolgens gedomesticeerd.

Dat wil niet zeggen dat kritiek op nieuwe media ongegrond is. Het is onmiskenbaar dat de *outsourcing* van cognitieve taken aan de computer, net zoals dat het geval was bij het schrift in de Nieuwe Steentijd, leidt tot de afzwakking of zelfs het verlies van bepaalde cognitieve vermogens. Daar staat tegenover dat cognitieve uitbesteding aan artefacten ook nieuwe vormen van kennis mogelijk maakt. En met de vorm verandert vaak ook de inhoud. Waar het gefixeerde schrift bijdroeg aan een statisch wereldbeeld, daar nodigen computermedia uit tot een procesmatiger opvatting van de werkelijkheid.

Weg met het schrift? *Volgens Plato ging het schrift en 'het nieuwe leren' dat daarmee verbonden was, ten koste van het orale geheugen. Plato keert zich om die reden in zijn dialoog* Phaedrus *fel tegen het schrift. Zo merkt hij bij monde van de Egyptische farao Thamus op:*

> *Het schrift zal in de ziel van hen die het leren vergetelheid doen ontstaan, doordat ze zullen vergeten hun geheugen te oefenen. Door hun vertrouwen in het schrift zullen ze immers het middel om zich iets te herinneren buiten zichzelf gaan zoeken, in vreemde lettertekens, in plaats van in zichzelf, door zelf hun geheugen in werking te stellen. [...] Van de wijsheid biedt u uw leerlingen slechts de schijn, niet de werkelijkheid: veelbelezenen kunt u ervan maken, maar hun lezing zonder lering zal alleen tot gevolg hebben dat ze veelweters zullen lijken.*
> (Plato 1980, IV, 476)

Deze kritiek is niet zonder cultuurhistorische ironie, aangezien het schrift juist een cruciale rol heeft gespeeld in de ontwikkeling van filosofie en wetenschap, Plato's eigen denken inclus. Dat geldt niet alleen voor de vorm, die zich ontwikkelde van de verhalende orale dialoog naar het abstracte, lineaire betoog (in dit licht bezien is Plato's dialogische schrijfstijl nog een overgangsvorm die probeert iets van de levendigheid van de orale levende dialoog vast te houden). Ook naar de inhoud heeft Plato's kritiek iets ironisch, want de starre structuur van het schrift wordt hier ook op de werkelijkheid geprojecteerd. Plato poneert immers tegenover de voortdurend veranderlijke werkelijkheid van alledag een wereld van eeuwige en onveranderlijke Ideeën (zie De Mul 2008a, 245 e.v.).

In vergelijking met het schrift is gecomputeerde informatie veel dynamischer. Dit hangt samen met de nog te bespreken databaseontologie die daaraan ten grondslag ligt.

Expertsysteem

Een van de instrumenten die zijn ontwikkeld om de informatieovervloed te kunnen overleven, is het expertsysteem. Een dergelijk systeem bestaat uit een dynamische database met de beschikbare kennis op een bepaald gebied (*knowledge base*) en een verzameling regels *(inference engine)* met behulp waarvan conclusies kunnen worden getrokken. Zo maakt een medisch expertsysteem het mogelijk om bepaalde symptomen in te voeren, waarna het systeem de diagnose stelt en specifieke medicatie of behandeling suggereert. In principe kunnen dergelijke systemen op ieder gebied van het leven worden ingezet, en we zien dan ook dat er in de afgelopen decennia vele verschillende expertsystemen zijn ontworpen en in gebruik genomen. Monteurs gebruiken ze bij het onderhoud en de reparatie van machines en voertuigen, officieren van justitie en advocaten maken er gebruik van om hun requisitoir en pleidooi op te bouwen, en consumenten maken gebruik van vergelijkingssites om het juiste product voor de laagste prijs te vinden.

In het licht van de complexiteit van veel kennisgebieden en het feit dat de kennisontwikkeling vaak zo snel gaat dat die voor een professional nauwelijks nog is bij te benen, zijn de voordelen van expertsystemen evident. Maar er kleven ook gevaren aan. Zo zou de epistemische afhankelijkheid van het systeem onze autonomie ondergraven. We zijn bij het gebruik van een expertsysteem immers vaak niet in staat zelf te beoordelen of alle relevante informatie en de juiste afleidingsregels zijn gevolgd, en dus of de conclusie die het expertsysteem ons voorlegt, correct is. Deze kritiek is vergelijkbaar met de kritiek die Plato ten aanzien van het schrift formuleerde.

In feite is de situatie in het geval van het expertsysteem nog zorgelijker. Waar de lezer van een op schrift gestelde redenering weliswaar niet zelf tot de conclusie komt, kan hij in ieder geval op de redenering reflecteren en voor zichzelf toetsen of deze klopt. Het expertsysteem is echter voor de gebruiker meestal een *black box*. En in feite geldt dat voor de meeste gecomputeriseerde apparaten. Een hedendaagse auto, bijvoorbeeld, zit vol processors die allerlei programma's uitvoeren waarvan de meeste bestuurders geen flauw benul hebben. Als we op de rem trappen, geven we een 'globaal commando' dat we de snelheid willen verminderen, waarna het ABS-systeem bepaalt hoe dat gezien de weg- en weerconditie het beste kan gebeuren. En met de door Google ontwikkelde Bestuurderloze Auto kan de automobilist in het geheel geen *auto*mobilist meer worden genoemd. Op zijn best heeft hij nog *autonomy by proxy*. Hij geeft zijn autonomie letterlijk uit handen.

Een mogelijk antwoord op deze bezwaren luidt dat de toegenomen afhankelijkheid van de technologie de prijs is die we moeten betalen voor de toegenomen complexiteit van de menselijke samenleving. Onze leefomgeving is niet langer alleen en voornamelijk een biotoop, maar heeft in toenemende mate het karakter van een technotoop. Dat is geen nieuw verschijnsel; het gold op bescheiden schaal al voor de mensen die zich slechts dankzij hun stenen werktuigen konden handhaven in de prehistorische strijd om het bestaan.

Toch hoeven expertsystemen onze autonomie niet noodzakelijk te ondermijnen en kunnen ze deze onder bepaalde omstandigheden zelfs versterken (De Mul en Van den Berg 2010). Een aardig voorbeeld daarvan zijn de zogenaamde kieshulpen bij verkiezingen. Hun populariteit is niet verbazend wanneer je bedenkt dat je een boel informatie moet verwerken om te achterhalen waar de verschillende partijen precies voor staan. Veel mensen zien om uiteenlopende redenen geen kans om alle partijprogramma's en andere relevante informatie door te nemen en systematisch met elkaar te vergelijken. Wanneer kieshulpen zoals Kieskompas, Stemwijzer en Kieswijzer ons in staat stellen door middel van een beperkt aantal keuzevragen of stellingen de partij te selecteren die onze voorkeuren het beste vertegenwoordigt, dan lijkt dat onze autonomie en handelingsbekwaamheid (*agency*) niet werkelijk te verkleinen.

Natuurlijk zou je daar, denkend aan Plato's kritiek op de uitbesteding van het geheugen aan het schrift, tegen in kunnen brengen dat je bij het gebruik van een kieshulp niet zelf een bewuste keuze maakt, maar die uitbesteedt aan het programma. De vraag is echter of we ons doorgaans wel zo bewust zijn van onze keuzes. In ons handelen spelen rationele overwegingen vaak nauwelijks, of slechts achteraf, een rol (Kelly Burns en Bechara 2007). Het is in ieder geval rationeler dat we ons laten helpen door een kieshulp dan dat we vanuit een vaag gevoel of een gewoonte op deze of gene partij stemmen. Als *extended agents* besteden we sowieso veel van onze beslissingen uit aan externe 'beweegredenen'. Zo zetten verkeersdrempels ons aan in een woonwijk onze snelheid te matigen. En ze zijn daarbij een stuk effectiever dan campagnes die erop gericht zijn ons morele bewustzijn te vergroten (Achterhuis 1998, 367 e.v.).

Meer in het algemeen kunnen we stellen dat menselijke autonomie gebaseerd is op een wederzijdse 'afstandsbediening'. Ons handelen wordt op afstand bediend door de vele interne en externe krachten die ons motiveren, stimuleren, uitdagen en scheppen, maar als 'excentrische', met reflexiviteit begiftigde wezens zijn we tevens in staat om op afstand een zekere (zelf)controle uit te oefenen op de krachten die ons drijven. Deze controle – een voorbeeld van de eerder besproken 'neerwaartse veroorzaking' – is vergelijkbaar met de wijze waarop we door middel van een afstandsbediening de televisie bedienen. We hebben maar een geringe invloed op de programma's die er op de verschillende kanalen te zien zijn, maar dankzij de afstandsbediening kunnen we kiezen op welke programma's en kanalen we afstemmen. Bovendien maakt dit apparaat ons verantwoordelijk voor de gemaakte keuze.

Reflectieve toe-eigening. *In een anekdote over de Britse schrijver Oscar Wilde wordt deze reflectieve toe-eigening op humoristische wijze geïllustreerd. Wilde, die bekendheid genoot vanwege zijn briljante oneliners, maar er niet voor terugschrok zich de grappen van anderen toe te eigenen, hoorde op een feestje de schilder Whistler een bijzonder grappige opmerking maken. Toen hij zich liet ontvallen: 'I wish I had said that', reageerde Whistler gevat met de woorden: 'You will, Oscar, you will!'*

Dat betekent niet dat dergelijke expertsystemen geen gevaren in zich dragen. Het gevaar is niet zozeer gelegen in de cognitieve uitbesteding als zodanig, maar in een gebrek aan inzicht in de precieze aard en werking van die uitbesteding. Expertsystemen, kieshulpen niet uitgezonderd, bevatten op twee verschillende manieren scripts: ze sturen niet alleen ons denken en handelen, maar belichamen ook de technologische en politieke opvattingen en normen van de makers. Wanneer we de verschillende kieshulpen vergelijken, dan blijkt dat ze niet altijd tot hetzelfde stemadvies leiden. Dat is nooit geheel te vermijden: de keuze van de vragen of stellingen, de precieze formulering ervan en het gewicht dat aan de verschillende thema's wordt toegekend, maken dat een kieshulp nooit volledig neutraal kan zijn. Dat hoeft nog niet zo erg te zijn wanneer je als gebruiker weet welke opvattingen en normen zijn ingebouwd. Wanneer we echter geen toegang hebben tot de *black box* van de kieshulp, en dus verstoken blijven van inzicht in de vooroordelen en wegingsfactoren die tot 'onze' keuze leiden, dan wordt onze autonomie ondergraven, zelfs als die keuze in overeenstemming is met onze voorkeuren.

Digital Me. *Sommige mensen – zogenaamde* life bloggers *of* body hackers *– gaan erg ver door met behulp van* wearable tech *ook de* black box *van hun eigen lichaam te openen en zoveel mogelijk 'data' over zichzelf te verzamelen. Niet alleen registreren ze hun waarnemingen door middel van een op het lijf gemonteerde camera, maar ook monitoren ze hun digitale gedrag (door bijvoorbeeld hun telefoongesprekken, tweets en de toetsaanslagen op hun computer en smartphone vast te leggen) en hun lichaamsfuncties met behulp van sensoren die ademhaling, zuurstofopname en calorieverbruik meten, uiteenlopend van hartslagmeters en thermometers tot stappentellers en biomodules. Vaak wordt daarbij een praktisch doel nagestreefd, zoals gewichtsverlies, verbetering van de gezondheid, sportieve prestaties of arbeidsproductiviteit, maar het kan ook gaan om een abstracter verlangen om zichzelf transparant te maken en 'meer grip op het aardse bestaan te krijgen' (Hijnk 2013).*

Vaak wordt het quantified self ook enthousiast met anderen gedeeld via sociale media. Een voorbeeld daarvan is het MeMachineproject dat in 2014 tijdens Lowlands zal worden uitgevoerd. Twee jongeren zullen zich in een speciaal daartoe ontworpen 'datapak' gedurende 72 uur real-time laten volgen voor en door een groot publiek. De website memachine.nl belooft: 'Alles wat de hoofdpersonen doen, denken en voelen, zal voor volgers real-time en online – via verschillende platformen – te volgen zijn.' Elize de Mul, die in een serie blogposts op het project reflecteert, vraagt zich af in hoeverre de beoogde transparantie daadwerkelijk wordt bereikt, omdat het voor zelfkennis evenzeer vereiste eerste- en tweede-persoonsperspectief geheel wordt opgeofferd aan een derde-persoonsperspectief. Hierover schrijft zij het volgende:

> Maakt dit degene die het datapak draagt inderdaad meer 'transparant' voor de ander? Het lijkt erop dat er een extra interface wordt geplaatst tussen de gebruiker en de ander, net zo goed als tussen de drager en zichzelf. De ander 'leest' de dragers nu af door naar een verzameling van gevisualiseerde data te kijken. Daarmee verschuift de ervaring van deze ander van een tweede-per-

soonsperspectief ('jij') naar een derde-persoonsperspectief ('hij'). Waar de ander nu wellicht nieuwe data over de ander te zien krijgt, is het de vraag of dit degene die het pak draagt echt meer 'transparant', oftewel beter te doorgronden maakt. Er ontbreekt nu namelijk ook een deel aan de informatie, bijvoorbeeld het verhaal van de ander, zijn gezichtsuitdrukkingen en een algemene context van handelingen. Bovendien zijn de gepresenteerde data erg gefragmenteerd en moeten deze vanwege de interpretatie daarvan weer worden gecombineerd tot een verhaal ('Hij zweet meer en zijn hartslag gaat flink omhoog, dus misschien is hij ergens van geschrokken'). Dit maakt het risico op misinterpretatie (nog) groter dan wanneer hij in een alledaagse interactie geen datapak draagt. Ook voor de gebruiker is er sprake van een perspectiefwisseling. Waar normaal gesproken sprake is van een eerste-persoonsperspectief op zichzelf, verschuift ook hier het perspectief naar de derde persoon. [...]

Hoe ver willen en moeten we gaan? Hoeveel willen we eigenlijk van onszelf weten? Vinden we dat enige privacy ten opzichte van onszelf, bijvoorbeeld in de vorm van een verhulling van bepaalde karaktereigenschappen, mogelijke ziektes, rare tics, sociale interactie of mogelijk toekomstig gedrag (denk bijvoorbeeld aan riskprofiling of het omstreden Elektronisch Kinddossier) gewenst is? Of gaan we zonder aarzelen voor de digitale spiegel staan?

(De Mul 2013a)

Database-ontologie

De vraag is of het internet, in het bijzonder Web 2.0, zich niet steeds meer aan het ontpoppen is als een gigantische *black box*. Om dat begrijpelijk te maken dien ik eerst kort iets te zeggen over de database-ontologie die eigen is aan de informatietechnologie. Computerprogramma's delen op een fundamenteel niveau allemaal de vier basisoperaties van het databeheer. Dit ABCD van de computer bestaat uit de operaties *add* (toevoegen), *browse* (doorzoeken), *change* (veranderen) en *destroy* (vernietigen). Deze vier basisoperaties – die overeenkomen met de commando's *insert*, *select*, *update* en *delete* in de *Structures Query Language* (SLQ), de standaardtaal voor databasemanagement – vormen samen de dynamische elementen van de database-ontologie.

Nu bestonden databases, collecties van gestructureerde elementen, natuurlijk ook al in de analoge wereld. Je kunt daarbij denken aan het telefoonboek en de kaartenbak. Digitale databases onderscheiden zich echter van analoge door hun flexibiliteit. Waar je het telefoonboek opnieuw moet drukken als je een enkel adres wilt toevoegen, en alle kaartjes in de kaartenbak van een bibliotheek moet herschikken wanneer je in plaats van op titel op de naam van de auteur wilt zoeken, daar volstaat in een eenvoudige *spreadsheet database* het aanklikken van de betreffende kolom om de database te heroordenen. Als we kijken naar de ontwikkeling van digitale databases van de jaren vijftig van de vorige eeuw tot nu, dan valt op dat de opeenvolgende modellen – hiërarchisch, qua netwerk, relationeel – steeds flexibeler worden.

Die flexibilisering wordt bereikt door atomisering van de data. Of we nu van doen hebben met boeken, genen of personen, de data dienen in zo klein mogelijke elementen te worden opgedeeld. Afhankelijk van de gebruikte algoritmes kunnen deze elementen vervolgens op alle denkbare wijzen worden ge(re)combineerd. Databases vormen een hoofdbestanddeel van ieder computerprogramma, en ook het Web 2.0 draait om het gebruik van databases. Wat Web 2.0 onderscheidt van Web 1.0 is niet zozeer het sociale karakter (Web 1.0 kende reeds allerlei vormen van communicatieve software, e-mail links, formulieren en chat rooms), maar het feit dat zich nu achter iedere website een database bevindt. In Web 2.0 bestaat de 'pagina' – eigenlijk kun je daar anders dan bij de Web 1.0 html-pagina in het geheel niet meer van spreken – uit een verzameling semi-autonome elementen (teksten, foto's, videoclips etc.) met een eigen uniek adres (URL), die zelf weer zijn opgebouwd uit afzonderlijke data-elementen zoals titel, datum, auteur, tags, commentaren en rankings, vaak ook weer met een eigen URL. Deze URL's verwijzen niet naar pagina's maar naar door scripts uit te voeren database instructies (Van den Boomen 2014, 162 e.v.).

De impact van databases is zo groot, omdat hun werking niet beperkt blijft tot de wereld van de computer. Databases fungeren als materiële metaforen, wat wil zeggen dat ze ook acties bewerkstelligen in de wereld (Hayles 2002). Je kunt daarbij denken aan databases die worden gebruikt ten behoeve van *genetische manipulatie*, of die in combinatie met industriële robots worden aangewend voor massamaatwerkproductie (*mass customization*), of die op vliegvelden worden ingezet om terroristen te detecteren (*airport profiling*), of die in de vorm van apps als *Zombies, Run!* de dagelijkse renpartij tot een game maken. In principe is alles wat gedataficeerd kan worden, een potentieel object van database-controle.

Daar komt bij dat afzonderlijke databases steeds vaker worden gekoppeld aan elkaar en aan gerelateerde datastromen, bijvoorbeeld zoekopdrachten op Google, aankopen bij webwinkels en interacties op Facebook en Twitter. Deze enorme, heterogene dataclusters worden verzameld en geanalyseerd door commerciële ondernemingen als Amazon en door overheidsorganisaties als de Nationale Sigint Organisatie (NSO) in Nederland en de National Security Agency (NSA) in de VS. De omvang daarvan werd begin 2014 weer eens duidelijk gemaakt, toen bleek dat de NSO in één enkele maand de metadata van 1,8 miljoen door Nederlanders gevoerde telefoongesprekken had opgeslagen en gedeeld met de NSA. Door de nog altijd voortschrijdende dataficatie van productieprocessen, geldtransacties, GPS-apparaten, surveillance-camera's, biometrische metingen en het gebruik van smartphones en andere locatieve media wordt zowat ieder aspect van ons leven onderdeel van een globale database.

Door onze omgang met databases gaan deze ook steeds vaker fungeren als conceptuele metaforen, die onze ervaring van de wereld en onszelf structureren. De psycholoog Maslov heeft ooit opgemerkt dat voor wie alleen maar een hamer heeft, alles een spijker wordt. In een wereld waarin de database de dominante culturele vorm is geworden, wordt alles een database (vgl. Azuma 2009; Manovich 2002, 219). Ook de menselijke identiteit wordt geraakt door de dataficatie.

Zoals hiervoor terloops werd opgemerkt, spelen verhalen van oudsher een belangrijke rol in de constructie van onze identiteit. Volgens de narratieve identiteitstheorie van Paul Ricoeur is het verhaal niet alleen een goed model voor menselijke identiteit (een mensenleven kent een begin, midden en eind en wordt voortgedreven door verlangens, motieven en redenen), maar wordt het ook gebruikt om onze identiteit daadwerkelijk te construeren (Ricoeur 1990). Verhalen verbinden gebeurtenissen uit het verleden, handelingen en verwachtingen tot een betekenisvol geheel. Ze spelen ook een belangrijke rol in de reflectieve toe-eigening van motieven en redenen. Juist omdat onze alledaagse handelingen vaak ongereflecteerd blijven en ons lijken te overkomen, verbinden we ze achteraf dikwijls door ze in een verhalende vorm te gieten met motieven en redenen. Door ons met die verhalen te identificeren, geven we onze handelingen een narratieve causaliteit en worden we de regisseur van ons levensverhaal (wat natuurlijk niet kan verhinderen dat dit verhaal telkens opnieuw door onverwachte gebeurtenissen moet worden bijgesteld).

Wat gebeurt er wanneer databases de plaats van verhalen innemen bij onze identiteitsconstructie? Als het gebruikte medium constitutief is voor de identiteitsvorm die wordt gecreëerd, zoals McLuhan heeft betoogd in *The Medium is the Message* (1964), dan mogen we verwachten dat het gebruik van databases leidt tot een ander type identiteit. Onze narratieve identiteit transformeert dan in een database-identiteit. En de sociale media zijn bij uitstek de plaats waar dat gebeurt.

Sociale media

Sociale media zijn ongekend populair. Weliswaar stagneert de spectaculaire groei van het afgelopen decennium, maar het aantal gebruikers is indrukwekkend. Facebook heeft acht miljoen gebruikers in Nederland, YouTube zeven miljoen, en LinkedIn en Twitter kennen respectievelijk vier en drie miljoen gebruikers. Voor de meeste mensen zijn deze media een integraal onderdeel van het sociale leven geworden.

Met de populariteit groeit echter ook de kritiek. Sociale media blijken een sterk verslavende werking te hebben (het lijkt niet helemaal toevallig dat we zowel bij drugs als sociale media van 'gebruikers' spreken). Volgens een in 2012 gepubliceerde studie van twee Harvardpsychologen hangt dat samen met het feit dat het onthullen van privé-informatie aan anderen dezelfde genotcentra in de hersenen activeert als eten, het ontvangen van geld of het hebben van seks (Tamir en Mitchell 2012). Weliswaar geeft het plaatsen van een status update op Facebook niet hetzelfde plezier als een goede vrijpartij, maar als je er maar genoeg plaatst, kom je een heel eind. De verslavende werking verklaart ook waarom gebruikers, zelfs wanneer ze zich zorgen maken over het misbruik van persoonsgegevens op het internet, toch volharden in hun informatie-exhibitionisme. Bij sommige *heavy users* heeft dit exhibitionisme het karakter van een dwangneurose (zie voor een visionaire analyse daarvan Harpold 1994).

Welke rol sociale media spelen bij de identiteitsconstructie, laat zich goed illustreren aan de hand van Facebook dat in 2013 wereldwijd ruim 1,11 miljard gebruikers had en daarmee de grootste sociale media website ter wereld is. Anders dan bij online werelden als Second Life en World of Warcraft dienen gebruikers bij Facebook hun echte naam op te geven. De hele structuur van Facebook is erop gericht de gebruikers uit te nodigen hun identiteit tot uitdrukking te brengen en met anderen (*friends*) te communiceren. Daartoe dienen ze een profiel aan te maken en foto's, interesses, contactinformatie en andere persoonlijke informatie te uploaden. Met vrienden en andere gebruikers communiceren ze door middel van private en publieke boodschappen en de chat-functie. Ze kunnen ook toetreden tot interessegroepen of er zelf een oprichten. Het belangrijkste venster is de Newsfeed. Hier vindt de gebruiker een selectie van de gemiddeld 1500 berichten van vrienden, (publieke) personen en favoriete pagina's, gemaakt door een algoritme dat gebaseerd is op de frequentie van de interactie, het aantal *likes*, commentaren etc. Hoewel de berichten vaak een narratief karakter hebben en Facebook sinds 2011 alle activiteiten automatisch op een zogenaamde Tijdlijn plaatst, is de onzichtbaar werkende database achter de website het ordenende principe. Sinds 2013 kan de gebruiker door middel van de functie Graph Search deze database in beperkte mate doorzoeken.

Hoewel Facebook individuen in staat stelt hun identiteit tot uitdrukking te brengen, gaat het hier – zoals de term 'sociale media' al aangeeft – om een collectieve vorm van zelfexpressie. Waar het klassieke dagboek bij uitstek tot het privédomein behoorde (gesymboliseerd door het slotje), daar is Facebook er vooral op gericht je aan anderen te presenteren. Hoewel ook in het geval van onze narratieve identiteit anderen een rol spelen, aangezien ze in onze levensverhalen voorkomen als geliefden, familieleden, collega's en vrienden, wordt de database-identiteit van de Facebookgebruiker daadwerkelijk mede geconstrueerd door de berichten, foto's en *likes* van vrienden. De grenzen tussen onszelf en de anderen worden semi-doordringbaar. Bovendien worden alle elementen van onze database-identiteit – met wie we zijn verbonden, de visuele neerslag van ons leven, onze conversaties en evaluaties – expliciet zichtbaar voor onze vrienden. En wat misschien nog wel van grotere invloed is: deze elementen worden zichtbaar voor Facebook zelf.

De database-identiteit die door het gebruik van Facebook wordt geconstrueerd, is bijzonder flexibel. Dit komt doordat overeenkomstig de logica van de database ook de gebruikers worden geatomiseerd en opgedeeld in een groot aantal data, geordend volgens verschillende identiteitsdimensies zoals biografische data, voorkeuren, foto's en aankopen. Facebookgebruikers zijn geen individuen meer, maar eerder – om een term van Deleuze te gebruiken – *dividuen* (Aas 2004). De database-identiteit is altijd *under construction* en draagt zo bij aan de flexibiliteit en mobiliteit die het leven in de postmoderne informatiesamenleving vereist.

Hoewel de gebruiker aan de 'voorkant' zijn zelfpresentatie tot op zekere hoogte kan bepalen (bijvoorbeeld door het wel of niet accepteren van 'vriendschapsverzoeken', het verwijderen van onwelgevallige berichten of het blokkeren van tags van andere gebruikers), kan hij niet verhinderen dat vrienden reageren op berichten of deze zichtbaar maken voor hun eigen vrienden. En nog minder heeft de gebruiker greep op de vele database-scripts die 'achter het beeldscherm' van de website worden uitgevoerd. Die scripts stellen Facebook in staat om door middel van *profiling* en *datamining* commercieel interessante patronen in het gedatificeerde leven van de gebruikers *in real time* te exploiteren, door de gebruiker te bombarderen met op individuele behoeften en verlangens toegesneden advertenties. De 'onzichtbare zichtbaarheid' (Hildebrandt 2009; Keymolen 2007) van de Facebookgebruikers roept niet alleen vragen op met betrekking tot hun privacy en veiligheid, maar dreigt hen ook te reduceren tot 'natuurlijke grondstof' voor de *big data*-economie. De ironie daarbij is dat de gebruikers van Facebook zelf fungeren als de gratis 'producers' van deze waardevolle data (Terranova 2000).

Big data worden niet alleen commercieel geëxploiteerd, maar ook met politieke oogmerken verzameld en geanalyseerd. Dergelijke activiteiten, waarbij iedere burger voortdurend wordt gescreend, geprofileerd en op verdachte patronen geanalyseerd, veranderen de wereld in een gigantisch digitaal Panopticum. De 'voorzijde' van Facebook kan beschouwd worden als een 'participatorisch Panopticum', waar de gebruikers elkaar voortdurend gadeslaan en zich daarvan ook voortdurend bewust zijn (Cascio 2005), maar we zijn ons doorgaans nauwelijks bewust van onze 'onzichtbare zichtbaarheid' achter de schermen. En als we ons daarvan af en toe even bewust worden en geschrokken de webcamera's op onze laptops, tablets en mobieltjes afplakken, dan beseffen we tevens dat dit wel een hele kleine pleister is op de gapende wond in onze privacy.

Omdat de huidige hypermobiele en politiek instabiele wereld bijzonder kwetsbaar is voor uiteenlopende vormen van terrorisme, is het begrijpelijk dat overheden zich inspannen om potentiële gevaren in kaart te brengen en aanslagen te voorkomen. De vraag is of het voortdurend monitoren en statistisch analyseren van *big data* onze fundamentele vrijheden niet op een onaanvaardbare wijze ondergraaft en ons allen tot potentiële verdachten maakt. Voorstanders van datamining en profiling wijzen erop dat dankzij deze technieken heel fijnmazig kan worden gezocht, zodat niet iedere moslim die een enkele vliegreis naar New York boekt onmiddellijk in de boeien wordt geslagen. De vraag is evenwel of de prijs die daarvoor wordt betaald in termen van verlies aan privacy en individuele vrijheden, en het institutionaliseren van wantrouwen, niet te groot is (Mayer-Schönberger en Cukier 2013, 161).

DataDream. *In 1996 werd ik door Frank van der Weide uitgenodigd deel te nemen aan Almere Slaapstad, een tentoonstelling waarin aan koppels van academici en kunstenaars werd gevraagd een door het thema Slaapstad geïnspireerd werk te maken. Het World Wide Web bestond nog maar kort, ik was gefascineerd door het medium en bedacht dat ik gedurende de tentoonstelling in het museum zou gaan slapen en mijn dromen op het web zou gaan publiceren. Dat was sneller bedacht dan gedaan.*

Gelukkig vond ik de kunstenaar Thomas van Putten, die al een tijdje met elektro-encefalografie (EEG) aan het experimenteren was, bereid mij te helpen deze droom te realiseren. Het theoretisch uitgangspunt werd gevormd door Freuds droomtheorie, volgens welke dromen bestaan uit niet afgewikkelde dagresten die gedurende de nacht de interesse vasthouden en daardoor de slaap dreigen te storen. Die dagresten worden door de droomarbeid in een droom veranderd en onschadelijk voor de slaap gemaakt (Freud 2006, III, 480).

Ik begon met het verzamelen van dagresten door, als een life blogger avant la lettre, gedurende een aantal weken (digitale) foto's te maken van mijn dagelijkse leven. Die werden vervolgens opgedeeld in een aantal emotionele categorieën (vreugde, angst, boosheid, verdriet) en in een database opgeslagen. Met hulp van een bevriende neuroloog van het Erasmus Medisch Centrum knutselde Thomas van Putten ondertussen de benodigde interfaces en software in elkaar, die het onderzoekers mogelijk maakten om de tijdens de REM-slaap door EEG gemeten spanning in mijn hersenen te koppelen aan de database met dagresten.

Terwijl ik aan het slapen was in het museum met de EEG-elektroden op mijn hoofd, werd er een meting gedaan en, afhankelijk van de gemeten spanning, uit een van de vier categorieën ad random een bijbehorend beeld gekozen. Een morf-programma zorgde ervoor dat er op het beeldscherm een voortdurende stroom beelden was te zien die in elkaar overvloeiden. Korte videoclips daarvan werden vervolgens via een modem op de bij het project behorende website geplaatst. Er was geen sprake van publicatie van mijn echte dromen, de koppeling tussen de door de EEG gemeten waarden aan specifieke emoties was een beetje nattevingerwerk geweest en het begrip 'in real time' moest met een korreltje zout worden genomen vanwege de toenmalige traagheid van de internetverbinding, maar toch was het resultaat best spectaculair te noemen en werd ons project zelfs getipt op de website van het MOMA in New York.

In november 2013 heeft Science een artikel gepubliceerd waarin Japanse onderzoekers verslag doen van een experiment waarin ze de inhoud van een droom aflazen uit MRI-scans (Horikawa e.a. 2013). Zij lieten proefpersonen slapen terwijl er EEG-opnames werden gemaakt. Zodra de REM-slaap intrad, maakten zij tevens fMRI-scans van de visuele cortex. Na korte tijd werd dan de scanner gestopt en de proefpersoon wakker gemaakt, die dan meteen moest vertellen waarover hij had gedroomd. Vervolgens werden met behulp van een computer de scans geanalyseerd, waarbij bleek dat zich bij verschillende onderwerpen (vrouw, huis, eten) specifieke patronen voordeden. Wanneer op een later tijdstip tijdens het dromen fMRI-scans werden gemaakt, konden de onderzoekers aan de hand van die patronen zien of ze over de eerder geanalyseerde onderwerpen droomden. Het succes van de herkenning van de onderzochte onderwerpen lag rond de 60%. Net als bij het DataDream-project lieten ook bij dit onderzoek de vanuit een derde-persoonsperspectief vervaardigde fMRI-scans zelf niet zien wat de proefpersonen droomden. Om dat vast te stellen bleef het eerste-persoonsperspectief van de dromer vereist. Ook bleken er per persoon zeer specifieke patronen te bestaan die niet steeds correspondeerden met dezelfde onderwerpen, wat gezien de plasticiteit van het brein ook verwacht mocht worden.

Dat neemt niet weg dat dit onderzoek een enigszins verontrustende toekomstverwachting oproept, die aardig wordt geïllustreerd door de sciencefictionfilm Inception van Christopher Nolan uit 2010. Daarin breekt de hoofdpersoon in de dromen van anderen in om ze bedrijfsgeheimen te ontfutselen of een bepaald idee in hun hoofd te planten. Dat lijkt nog heel ver weg, maar als het aan Google ligt, hoeven we daarvoor niet te wachten tot 2084. In een interview met The Independent vertelde Scott Huffman, Google's engineering director, *te verwachten dat over niet al te lange tijd zoekopdrachten bij Google zullen plaatsvinden door middel van een in het brein geïmplanteerde microchip* (Sherwin 2013).

Google 20~~84~~ 18

○ Your Brain	○ Satellite Photos of People You Want to Spy On	○ Books
○ Your Home		○ Movies
○ Family	○ Satellite Photos of People Spying on You	○ TV Shows
○ Friends	○ Medical Records	○ Music
○ Ex-friends	○ Credit Reports	○ Pornography
○ Relatives	○ Tax Records	○ Your Past
○ Co-workers	○ Phone Records	○ Your Present
○ Ex-spouse(s)	○ Court Documents	○ Your Future
○ Enemies	○ Other People's Conversations	

Sociale media als Facebook blijken de menselijke individualiteit bovendien op een nog andere fundamentele wijze te ondermijnen. Hoewel de individuele vrijheid van de gebruiker groot lijkt, heeft de database van Facebook een bijzonder homogene structuur met vooraf gedefinieerde menu's en categorieën. Net als bij de besproken kieshulpen is deze niet vrij van politieke normen en vooroordelen. Zo kunnen homoseksuele stellen zich pas sinds 2012 als gehuwd registreren en biedt Facebook pas na de nodige politieke druk van belangengroepen in 2014 de mogelijkheid om je als biseksueel, transseksueel, androgyn of transseksueel te registreren. Omdat bij Facebook alles in hokjes moet en men blijkbaar een volgende 'semiotische machtsstrijd' voor wilde zijn, zijn er in één klap vijftig (!) verschillende geslachten toegevoegd aan de database (Bradley 2014). Dat neemt echter niet weg dat wanneer ik naar de troosteloze gelijkvormigheid van Facebookpagina's kijk, mij al snel de beroemde scène uit *Monthy Python's Life of Brian* in herinnering komt waarin de volgelingen van Brian als uit één keel schreeuwen: 'Yes, we are all individuals!'

De individualiteit wordt nog verder ondergraven door het feit dat de database-ontologie door de atomisering personen reduceert tot een verzameling data-elementen (ongeveer zoals reductionistische fysicalisten de mens reduceren tot de resultante van de interacties tussen elementaire deeltjes). Die atomisering van onze identiteit betekent ook dat onze identiteit voortdurend wordt gedecontextualiseerd en gerecontextualiseerd. Daardoor wordt de narratieve causaliteit die onze identiteit structureert vervangen door toevallige correlaties.

Big data-analyse werkt volgens het principe *More, messy, good enough* (Mayer-Schönberger en Cukier 2013, 18). Anders dan bij klassieke data-analyse wordt er niet gewerkt met een representatieve steekproef, maar worden er zoveel mogelijk data verzameld uit alle beschikbare bronnen. Die verzameling is vaak nogal 'slordig' (*messy*) in de zin dat de data in de verschillende bronnen meestal niet op uniforme wijze zijn gestructureerd. Dat wordt echter gecompenseerd door de enorme hoeveelheid informatie. *Datamining* is primair gericht op het vinden van interessante patronen op macroniveau. Daarbij gaat het niet om het vinden van causale relaties, maar om correlaties: 'Knowing *what*, not *why*, is good enough' (Idem, 52).

Albert Heijn zal bijvoorbeeld met het oog op de inkoop graag willen weten wat liefhebbers van zuurkool daar het liefst bij eten. In de vraag waarom dat zo is, is het bedrijf niet geïnteresseerd.

Bij commerciële ondernemingen als Amazon lijkt dit op het eerste gezicht nog tamelijk onschuldig en zelfs handig voor hun klanten te zijn. Dankzij een techniek die *collaborative item-to-item filtering* wordt genoemd, beveelt Amazon bepaalde boeken aan ('Kopers van dit boek vonden ook de volgende boeken interessant'). Niet minder dan een derde van de verkochte boeken wordt dankzij dit algoritme verkocht. Je zou kunnen zeggen dat Amazon eerder dan wijzelf weet wat onze voorkeuren zijn. Het bedrijf heeft eind 2013 zelfs een patent gekregen op 'anticiperend verzenden', een logistiek systeem dat goederen al in de richting van de klant verzendt voordat deze überhaupt een bestelling heeft geplaatst (Lomas 2014). Omdat *datamining* zoals gezegd enkel gericht is op correlaties, heeft Amazon geen flauw idee *waarom* kopers van een bepaald boek ook interesse hebben in bepaalde andere literatuur (het blijkt lang niet altijd te gaan om boeken uit hetzelfde genre, van dezelfde auteur of in dezelfde taal).

In de wereld van narratieve identiteit staat het 'waarom' juist centraal. Verhalen draaien erom waarom de protagonisten handelen zoals ze handelen, wat hun redenen zijn en wat hun al dan niet bewuste motieven. In het geval van database-identiteiten speelt dat geen enkele rol. Een database-identiteit is een 'correlationeel zelf' dat door commerciële partijen of overheidsorganisaties wordt geanalyseerd vanwege *wat* protagonisten denken en hoe ze handelen, zonder te hoeven weten *waarom* dat het geval is. Alles draait om het functionele gebruik van de informatie: het maximaliseren van de winst of de instandhouding van het politieke systeem. Niet zelden gaan die functionele oogmerken hand in hand.

Het doemscenario dat hier wel mee wordt verbonden, is dat *big data*-analyse wordt gebruikt om toekomstig gedrag van personen te voorspellen en op basis daarvan in het heden te handelen. Dat gebeurt nu al, bijvoorbeeld wanneer de kosten van een autoverzekering worden gekoppeld aan de postcode van de verzekeringnemer. In bepaalde steden en wijken is de kans op schade door een verkeersongeluk of diefstal groter en betaalt men uitsluitend daarom een hogere premie. Maar we kunnen ook denken aan het eerdergenoemde Elektronisch Kinddossier, een database waarin alle beschikbare informatie in de Jeugdgezondheidszorg wordt verzameld. Het Elektronisch Kinddossier probeert door gegevens uit te wisselen via de Verwijsindex Risicojongeren, risico's in kaart te brengen om zo nodig vroegtijdig te kunnen ingrijpen.

De vraag is of we ons hiermee niet begeven op het gevaarlijke pad naar een samenleving waarin individuele vrijheid en verantwoordelijkheid worden opgeofferd aan het verlangen naar totale controle (Keymolen en Broeders 2013) –een wereld zoals geportretteerd in Steven Spielbergs film *Minority Report* waarin potentiële daders worden gestraft nog voordat ze een misdrijf hebben begaan. In een dergelijke wereld is het individuele morele kompas vervangen door voorspellende algoritmes en gaan *big data* fungeren als een gevangenis van statistische waarschijnlijkheden (Mayer-Schönberger en Cukier 2013, 163).

De zwermgeest

Jeron Lanier, een van de *virtual reality*-pioniers uit de jaren negentig van de vorige eeuw, heeft zich in zijn laatste twee boeken bijzonder kritisch uitgelaten over de wereld van de sociale media en big data. In *Who Owns the Future?* verzet hij zich vooral tegen de exploitatie van de persoonlijke informatie van consumenten door *Lords of the Clouds* als Google en Amazon. 'Het internet', zo merkt hij in een recent interview in *Trouw* op, 'was niet bedoeld om te eindigen in een oligarchie van obsceen rijke bedrijven' (Poll 2013). In zijn boek pleit hij voor een systeem waarin de consumenten per bit worden betaald voor de informatie die ze verstrekken (Lanier 2013).

In *You're Not a Gadget* graaft hij dieper en verzet hij zich vooral tegen het collectivisme dat zich aftekent in de wereld van het internet. Waar Web 2.0-goeroes de *wisdom of the crowds* en de daaruit resulterende collectieve intelligentie bejubelen, daar spreekt de tegendraadse Lanier over 'digitaal maoïsme'. Collectieve projecten als Wikipedia leiden volgens hem niet tot wijsheid, maar veeleer tot de grijze middelmaat. Hij spreekt in dat verband ook van een *hive mind*, ofwel 'zwermgeest' (Lanier 2010, 106).

Wanneer we de ontwikkeling van de sociale media plaatsen in de evolutie van de menselijke cognitie, dan kunnen we ons echter afvragen of Lanier zijn conclusie niet te snel trekt. We moeten dan niet zozeer denken aan een intelligent World Wide Web (Web 3.0), maar eerder aan een koppeling van het menselijk brein aan globale computernetwerken.

Als we terugblikken op de evolutie, dan zien we dat telkens wanneer een systeem – of het nu gaat om atomen, moleculen, cellen, neuronen of individuen – een bepaald niveau van complexiteit bereikt, er een 'escape into a higher order' optreedt die gepaard gaat met emergente verschijnselen. Bij de ontwikkeling van de mens hebben we opgemerkt dat er daarbij ook sprake is van *outsourcing* van cognitieve functies. Zoals het schrift een belangrijke bijdrage leverde aan de transformatie van Homo sapiens 1.0 naar 2.0, zo zou de koppeling van het individuele brein aan een globaal computernetwerk wel eens een cruciale stap kunnen zijn voor de overgang naar Homo sapiens 3.0, uitgerust met een globaal brein. Wanneer we hier opnieuw met een vorm van emergentie te maken hebben, dan zal die collectieve intelligentie onvoorspelbare en voor ons – Homo sapiens 2.3 – niet te doorgronden eigenschappen bezitten. Zij zal voor ons net zo onvoorspelbaar zijn als het schrift dat was voor de prehistorische mens of de computer voor de middeleeuwse scribent.

Wittgenstein 2.0. *Ontwikkelingen die op een rudimentaire wijze vooruit lijken te lopen, zijn collectieve wetenschappelijke projecten, waarin wordt getracht computernetwerken in te zetten op een wijze die het geheel van de inspanningen groter maakt dan de som van de delen. In 'Wittgenstein 2.0' (De Mul 2008a) heb ik beschreven hoe je aan de hand van het Amazon-model het verzameld werk van Wittgenstein, dat bestaat uit 20.000 pagina's fragmentarische en moeilijk te doorgronden nagelaten aantekeningen, zou kunnen omvormen tot een 'Wittgenstein Wide Web'. Dat zou in de (zwerm)geest van Wittgenstein zijn, omdat hij in een aantal van die aantekeningen mijmert over de mogelijkheid dat hij die aantekeningen – die hij maar niet kan samenvoegen tot een boek, omdat hij de lineaire vorm daarvan niet kan verdragen en omdat hem steeds opnieuw andere ordeningen voor ogen zweven – zou kunnen transformeren tot een netwerk.*

Wittgenstein 2.0 zou niet alleen bestaan uit een flexibel doorzoekbare database met alle nagelaten fragmenten, maar zou aan de onderzoekers ook allerlei 'slimme' algoritmes ter beschikking stellen, met behulp waarvan naar interessante patronen in Wittgen-

steins aantekeningen kan worden gezocht. Onderzoekers zouden hun bevindingen aan de database kunnen toevoegen en ook suggesties krijgen ('Onderzoekers die deze gedachtelijn volgden, betrokken ook de volgende fragmenten in hun analyse'). Ook zou het Wittgenstein Wide Web uiteenlopende visualisatiemodules bezitten, zodat de complexiteit van het Wittgenstein Wide Web ook multimediaal kan worden onderzocht (De Mul 2008a). De eerste stappen op weg naar een dergelijk Wittgenstein Wide Web – nog slechts een bescheiden stap op weg naar een zelfdenkend Wittgenstein 3.0 Neuraal Netwerk – zijn inmiddels gezet door het Wittgenstein Archief aan de Universiteit van Bergen (WAB) in het HyperWittgenstein Project: http://wab.uib.no/wab_hw.page/.

In de natuur kennen we reeds primitieve voorlopers van een *zwermgeest*. Van sociale insecten als mieren, hommels en honingbijen wordt wel beweerd dat ze geen afzonderlijke individuen zijn, maar in feite één organisme vormen. In de negentiende eeuw bracht dit Herbert Spencer op het idee dat ook de menselijke samenleving een sociaal organisme is. En in de twintigste eeuw speculeerde de filosoof Teilhard de Chardin over de ontwikkeling van een collectieve geest van de mensheid, die hij aanduidde als de *noösfeer*.

Met de opkomst van het internet hebben dergelijke ideeën een nieuwe vlucht genomen. Het 'globale brein' is een metafoor voor een collectief zenuwstelsel, dat wordt voorgesteld als een zelforganiserend systeem dat bestaat uit een complex netwerk van menselijke breinen en computers. Het verwerkt niet alleen informatie, maar vervult ook de functies die nu door individuele breinen worden uitgeoefend: het neemt beslissingen, ontwikkelt nieuwe ideeën, heeft gevoelens.

Volgens de Brusselse cyberneticus Heylighen zal deze collectieve intelligentie geen centrale controle hebben in de vorm van een leider, organisatie of machine, aangezien de kennis en vaardigheden gedistribueerd zullen zijn over al de componenten (Heylighen 2012). Anders dan Lanier, die bij de *zwermgeest* moet denken aan de *stupidity of the crowds*, vertrouwen denkers als Heylighen erop dat hier een superieure vorm van intelligentie zal ontstaan, die zich zal verhouden tot de menselijke intelligentie als de menselijke intelligentie tot die van onze naaste verwanten, de grote apen. Een dergelijke superieure zwermgeest bestaat nog niet. Het ziet er dus naar uit dat we ons voorlopig zullen moeten behelpen met sciencefiction, zoals de *Star Trek*-saga waarin een buitenaardse collectieve intelligentie wordt opgevoerd in de gedaante van de Borg.

De Borg. *De Borg is een gemeenschap van cyborgs, die geen eigen wil of persoonlijkheid hebben en allemaal hetzelfde denken. Bij de introductie van de Borg in de Star Trek-serie leek het collectief geen centrale aansturing te bezitten, maar in latere afleveringen en films is er sprake van een Borg Koningin, hetgeen doet vermoeden dat de Borg zijn gemodelleerd naar sociale insecten. Hoewel de Borg een organische oorsprong hebben, zijn de afzonderlijke 'individuen' (drones) voorzien van diverse implantaten, waarvan een van de belangrijkste functies het functioneren in het collectief is. Wat de Borg in de serie tot een geduchte tegenstander van de Verenigde Federatie van Planeten maakt, is dat ze in hun streven naar perfectie proberen andere soorten in hun zwermgeest te assimileren: 'We are the Borg. Your biological and technological distinctiveness will be added to our own. Resistance is futile.'*

De ontwikkelingen in de neurowetenschappen op het gebied van brein-machine-interfaces laten echter zien dat de koppeling van het brein aan computers inmiddels een reële mogelijkheid is. Een van de pioniers op dit gebied is Miguel Nicolelis, die in 2011 wereldwijde bekendheid verwierf met het experiment waarin hij de apin Aurora leerde met haar gedachten een computer aan te sturen (Nicolelis 2011). Nicolelis en zijn team leerden Aurora een simpel computerspelletje te spelen. Met behulp van een joystick moest ze proberen de cursor op het beeldscherm een bewegende cirkel te laten raken. Als dat lukte kreeg ze een druppel sinaasappelsap en aangezien apen daar dol op zijn, had Aurora het spelletje al snel onder de knie.

Tijdens het spelen werd de activiteit van Aurora's brein geregistreerd. Het lukte Nicolelis door middel van elektroden in het brein van de aap simultaan de activiteit van 100 neuronen in het neurale netwerk te meten dat actief was op het moment dat Aurora de joystick bewoog. De aldus geregistreerde dynamische patronen werden vervolgens vertaald in computercommando's die een robotarm aanstuurden die in real time dezelfde bewegingen maakte als de arm van Aurora. Toen de onderzoekers de joystick wegnamen, maar doorgingen met het registreren van de hersenpatronen en het vertalen daarvan in de beweging van de robotarm, bleek Aurora nog steeds in staat te zijn de cursor te laten bewegen. Blijkbaar was het denken aan de bewegingen voldoende om dezelfde hersenpatronen te genereren. In overeenstemming met het *embodied cognition*-paradigma had Aurora de robotarm dankzij de visuele feedback in haar lichaamsschema geïncorporeerd.

Spiegelneuronen. *Volgens het* embodied cognition-*paradigma wortelen mentale processen in lichamelijke handelingen. Een aanwijzing daarvoor is dat dezelfde hersendelen actief zijn bij het uitvoeren van een handeling en het denken daaraan. Of zoals een vuistregel in de neurowetenschappen luidt: 'Neurons that fire together, wire together.' In de jaren negentig ontdekten Giacomo Rizzolatti, Leonardo Fogassi en Vittorio Gallese bij hun onderzoek naar makaken bovendien dat diezelfde hersendelen actief worden wanneer de apen een andere aap die handeling zien uitvoeren. De betrokken neuronen worden ook wel aangeduid als 'spiegelneuronen' en zijn eveneens aangetroffen bij mensen en vogels. Spiegelneuronen* *lijken een belangrijke rol te spelen in het sociale verkeer, bijvoorbeeld bij het herkennen van emoties bij anderen, en bij leerprocessen die gebaseerd zijn op nabootsing. Ook hebben ze mogelijk een belangrijke rol gespeeld in de cognitieve evolutie van de mens (Rizzolatti en Sinigaglia 2008).*

In een vervolgexperiment liet Nicolelis het resusaapje Idoya vanuit zijn laboratorium in Durham een androïde robot CB-1 in Kyoto aansturen. Inmiddels is Nicolelis erin geslaagd de brein-machine-interface door middel van elektrische microstimulatie uit te breiden met een tactiel feedbacksysteem, dat de aap in staat stelt met behulp van de robotarm ook de textuur van objecten te 'voelen'. Dankzij de plasticiteit van de hersenen worden de prikkels onmiddellijk opgenomen in het handelingsschema. Zo lukt het Nicolelis apen objecten met een bepaalde textuur te laten selecteren zonder visuele feedback. In dit dynamische systeem stuurt niet alleen het brein de robotarm aan, maar wordt het brein op zijn beurt ook aangestuurd door het kunstmatige zintuig.

Volgens Nicolelis opent dit 'kunstmatige tastorgaan' de weg naar nog veel opzienbarender mogelijkheden, bijvoorbeeld door op die wijze uiteenlopende nieuwe zintuigen te creëren, zodat we net als ratelslangen infrarood licht kunnen zien, net als vogels magnetische velden kunnen waarnemen, of net als vleermuizen ultrasone geluiden kunnen uitzenden en opvangen (Campbell 2011). Daarmee zouden we dicht in de buurt komen bij wat de filosoof Nagel ooit onmogelijk achtte: ervaren wat het is om een vleermuis te zijn.

What is it like to be a digital bat? *Mijn promovendus Stefano Gualeni heeft in het kader van zijn onderzoek naar augmented ontologies de mogelijkheid geëxploreerd om door middel van simulaties en computergames nieuwe fenomenologische ervaringen op te doen. Onder zijn leiding ontwierp een groep studenten in antwoord op Thomas Nagels essay 'What Is It Like to Be a Bat?' (Nagel 1974) het experimentele computerspel Haerfest, dat de speler de wereld doet ervaren vanuit het – in Nagels woorden 'fundamenteel onmenselijke' – perspectief van de vleermuis. Hoewel het spel de speler natuurlijk niet in staat stelt de werkelijkheid te ervaren vanuit het eerste-persoonsperspectief van de vleermuis, ervaart de speler wel* *degelijk – en door het interactieve karakter van het spel veel intensiever dan wanneer dit uitsluitend wordt verbeeld in een verhaal of film – wat het is om je met uiterst beperkt zicht, een fladderende gang en sonarpeilingen door de wereld te bewegen (Gualeni 2011).*

Het onderzoek van de als arts opgeleide Nicolelis is vooral gericht op praktische toepassingen. Een van de doelen die hij zich heeft gesteld, is het ontwerpen van een exoskelet, een soort harnas dat door een brein-machine-interface kan worden aangestuurd en dat dwarslaesiepatiënten in staat moet stellen om hun lichaam opnieuw aan te sturen. Dat zal nog de nodige ontwikkelingen vergen, niet alleen op het gebied van de robotica (een dergelijke prothese moet zowel licht als heel flexibel zijn), maar ook met betrekking tot de brein-machine-interface, die volgens Nicolelis minimaal 10.000 neuronen simultaan en in real time zou moeten kunnen verwerken. De eerste stappen op die weg zijn echter gezet. Er zijn nu al dwarslaesiepatiënten die een computer aansturen met hun brein, en de eerste experimenten met het koppelen van een kunstmatige arm hebben ook reeds plaatsgevonden (Neergaard 2011).

Wanneer we proberen ons een voorstelling te maken van de mogelijkheden van de besproken brein-machine-interfaces op langere termijn, dan komt ook de eerder genoemde collectieve intelligentie in zicht. Menselijke hersenen kunnen immers niet alleen worden gekoppeld aan kunstmatige ledematen of zintuigen, maar in principe ook aan de hersenen van andere personen.

Een voorafschaduwing van een dergelijk Borg-achtig wezen vormen Siamese tweelingen zoals de in 2006 geboren Canadese zusjes

Krista en Tatiana Hogan (*Daily Mail* 2010). De hoofden van deze meisjes zijn aan elkaar vastgegroeid en het opmerkelijke is dat de beide hersenen, in het bijzonder de thalamus, in hoge mate zijn geïntegreerd. Als gevolg van deze integratie blijken zij in veel opzichten te functioneren als de Borg. Als het ene meisje wordt gekieteld, moet het andere ook lachen, ze kunnen door elkaars ogen zien en hebben toegang tot elkaars gedachten en emoties.

Of de door Heylighen verhoopte en door Lanier verafschuwde *zwermgeest* ooit zal worden gerealiseerd, is vooralsnog een open vraag. Een eerste intuïtie zegt dat een dergelijke intelligentie een logische schakel is in de evolutie van de menselijke cognitie naar steeds complexere organisatievormen. De ontwikkeling van de neurotechnologie lijkt ons bovendien de instrumenten te verschaffen om een dergelijke intelligentie te construeren. Het is mensen eigen om door de techniek ontsloten paden in te slaan.

In ons tijdperk van versmeltende technologieën lijkt zich daarbij echter een kwalitatieve omslag voor te doen in de menselijke levensvorm. Bij de bespreking van Plessner stond ik stil bij de drie antropologische grondwetten die hij afleidt uit de excentrische positionaliteit van de mens (zie blz. 74 e.v.). De versmeltende technologieën dagen niet alleen de excentrische positionaliteit van de menselijke levensvorm uit, maar daarmee ook de door Plessner geformuleerde wetten. De eerste daarvan luidde dat de mens kunstmatig van nature is. Reeds in het extrahumanistische scenario, waarin de organische levensvorm van de mens met neurotechnologische middelen wordt gesupplementeerd, lijkt deze eerste wet zich te radicaliseren tot op het punt waarop zij in haar tegendeel omslaat. Door alle technologische ingrepen in het organische materiaal, in de vorm van breinimplantaten en brein-machine-interfaces, wordt de menselijke natuur *zelf* steeds kunstmatiger. Onze excentrische positionaliteit wordt zelf onderwerp van technologische ingrepen (Verbeek 2011, 77 e.v.).

Deze nieuwe natuurlijkheid onderscheidt zich van de oude natuur doordat zij, om het in heideggeriaanse terminologie uit te drukken, meer ontwerp is dan geworpenheid. Gedurende tienduizenden jaren was het menselijk lichaam een gegeven dat je slechts kon accepteren, een gift die je niet kon weigeren. Geslacht, fysieke kenmerken, intelligentie, het waren stuk voor stuk zaken die ons in de schoot werden geworpen door de natuur. Weliswaar heeft de mens deze natuurlijke basis steeds aangevuld met culturele en technologische supplementen, maar deze basis zelf onttrok zich grotendeels aan onze zelf-experimenten. In de tijd van de versmeltende technologieën is dat niet langer het geval. *Dasein* wordt steeds meer een kwestie van *design*. Wij versmelten letterlijk met deze technologieën.

De ontwikkeling van de technologie ligt niet vast. Technologieën ontwikkelen zich nooit noodzakelijk in één specifieke richting. Hun ontwikkeling is veeleer de resultante van politieke strijd tussen vele belanghebbenden, zoals burgers, wetenschappers en technici, investeerders, consumenten en overheden. Als het aan individualisten als Lanier ligt – die op geen enkel sociaal medium te vinden is – zal de *zwermgeest* er zeker niet komen. Maar als we zien hoe begerig veel gebruikers van sociale media hun individualiteit met anderen delen, dan lijkt de 'verBorging van het individu' aanstaande te zijn. *Resistance is futile.* Ontvrienden kan niet meer.

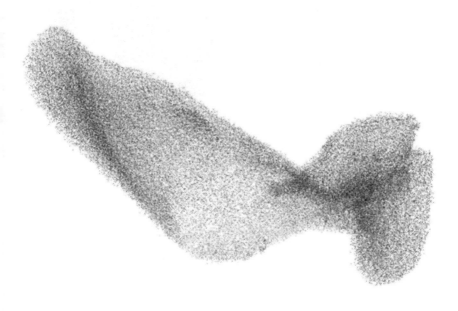

Genetica: het *alien*-scenario

Een van de meest opvallende bewegingen in de ontwikkeling van de wetenschappen in de afgelopen halve eeuw is de toenemende integratie van biologie en informatica. Voor die beweging zijn twee zaken verantwoordelijk. De eerste is de stormachtige ontwikkeling van de moleculaire biologie na de eerste adequate beschrijving van het DNA in 1953. Biologen raakten daardoor in toenemende mate geïnteresseerd in de informatica, de wetenschap die zich onder meer richt op de vraag wat informatie is en hoe deze wordt gecodeerd en overgedragen. Niet minder belangrijk was dat het in kaart brengen en ontcijferen van het menselijk genoom zonder de inzet van steeds krachtigere computers onmogelijk was geweest. Dat heeft geleid tot een fundamentele digitalisering van de biologie. Dit is vooral zichtbaar in de moleculaire biologie, waar het DNA-onderzoek steeds meer verschuift van de analoge wereld van de biologie naar de digitale wereld van de computer.

> **Bio-informatica.** *Nadat Fred Sanger in 1955 de volgorde van het proteïne insuline bepaalde, duurde het nog ruim twintig jaar voordat in 1976 het genoom van een virus werd beschreven. Daarna duurde het nog eens bijna twintig jaar voordat Craig Venter, in 1995, als eerste de DNA-sequentie bepaalde van een levend wezen, het uit 1,8 miljoen 'letters' bestaande genoom van de bacterie* Haemophilus influenza. *Daarbij werd gebruik gemaakt van de zogenaamde* shotgun sequencing-*techniek, waarbij lange DNA-ketens herhaaldelijk in stukken van 600-800 nucleotiden worden gebroken, waarvan dan vervolgens de sequenties worden vastgesteld. Op basis van de resulterende database met de sequenties van deze deels overlappende fragmenten wordt dan, met behulp van* sequence assembly software, *de sequentie van het genoom als geheel gereconstrueerd.*
>
> *In 2000 werd deze methode gebruikt om het uit 180 miljoen nucleotiden bestaande genoom van de fruitvlieg te bepalen en kort*

daarna – in het Human Genome Project *(1988-2003)* – het uit 3 miljard nucleotiden bestaande menselijk genoom. Deze ontwikkeling was slechts mogelijk door het beschikbaar komen van steeds krachtiger computers. Zo vereiste de reconstructie van het menselijke genoom rond de laatste eeuwwisseling meerdere dagen CPU-tijd van honderd geschakelde snelle Pentium-computers. Inmiddels bevatten publieke DNA-*databases* als EMBL *(Europa),* GenBank *(VS)* en DDBJ *(Japan)* de beschrijving van vele miljoenen genen van talloze biologische soorten. Ook de analyse van de expressie en de bijzonder complexe *(samen)werking van de genen en genencomplexen in het genoom zou niet mogelijk zijn zonder de krachtige computers en geavanceerde datamining-algoritmes, zoals die in de bio-informatica worden ontwikkeld (Köhler 2014).*

Omgekeerd zijn informatici zich steeds meer gaan interesseren voor de biologie. Een van de veelbelovende takken van de informatica die sinds de jaren vijftig tot ontwikkeling kwam, was het onderzoek naar kunstmatige intelligentie en kunstmatig leven. Hoewel de verwachtingen bijzonder hooggespannen waren – voorspeld werd dat er binnen enkele decennia computers en robots zouden zijn die de mens qua intelligentie verre zouden overtreffen – bleef het succes, ondanks de spectaculaire ontwikkeling van de informatietechnologie in de afgelopen decennia, beperkt tot enkele specifieke gebieden.

Ruim vijftig jaar later hebben we weliswaar computers die de wereldkampioen schaken kunnen verslaan, maar op veel gebieden doen kleuters en kevers het nog steeds veel beter dan de meest geavanceerde computers. Het *top-down* programmeren van kunstmatig leven en kunstmatige intelligentie bleek veel minder eenvoudig dan gedacht. Dat leidde er niet alleen toe dat informatici zich gingen verdiepen in de fundamentele biologische vraag wat leven nu eigenlijk is, maar het inspireerde hen ook tot een *bottom-up*-benadering die erin bestaat computers en robots zichzelf te laten ontwikkelen volgens biologische principes.

Biologen en informatici zijn niet alleen steeds vaker naar elkaars publicaties gaan verwijzen, ze werken ook steeds vaker en nauwer samen. Dat heeft in de afgelopen decennia geleid tot de ontwikkeling van een heel netwerk van nieuwe (sub)disciplines op het raakvlak van biologie en informatietechnologie. Vanuit de biologie ontwikkelden zich nauw met informatietechnologie vervlochten vakgebieden als de genomica (en afgeleiden als de proteomica en de metabolomica), de bio-informatica, de computationele biologie en de synthetische biologie, terwijl in de informatica een hele waaier aan biologisch geïnspireerde subdisciplines ontstond die gericht waren op de studie van genetische algoritmes, cellulaire automata, emergente systemen, neurale netwerken en biomoleculaire computers.

De twintigste eeuw wordt niet zonder reden de eeuw van de fysica genoemd. De technologieën die het aanzien van de twintigste eeuw hebben bepaald, zoals de auto, het vliegtuig, de telefoon, de televisie en de kerncentrale, vinden vrijwel zonder uitzondering hun oorsprong in deze discipline. Wanneer we de genoemde ontwikkelingen op het raakvlak van biologie en informatica overzien, dan heeft het er alle schijn van dat de eenentwintigste eeuw de eeuw van de biotechnologie zal worden. Gemeten naar de omvang van de onderzoeksbudgetten, het aantal op dit terrein werkzame wetenschappers en de impact van de ontdekkingen die in de afgelopen decennia zijn gedaan, is de biotechnologie nu al groter dan de fysica. En als we proberen ons een voorstelling te maken van de mogelijke economische gevolgen en maatschappelijke en ethische implicaties, dan lijkt het geen al te boude veronderstelling dat de impact van de biotechnologie minstens zo groot zal zijn als die van de op de fysica gebaseerde technologieën van de twintigste eeuw.

Het feit dat de biotechnologie, ondanks de snelle ontwikkelingen die in de afgelopen decennia hebben plaatsgevonden, in veel opzichten nog in de kinderschoenen staat en de maatschappelijke receptie, sturing en domesticatie ook aan voortdurende veranderingen onderhevig is, maakt het schetsen van toekomstscenario's tot een hachelijke onderneming. Op basis van de ontwikkelingen tot op heden kan echter wel een aantal onderling samenhangende postulaten worden aangewezen die aan biotechnologie ten grondslag liggen, en op basis waarvan de contouren kunnen worden geschetst van te verwachten ontwikkelingen en de kansen en bedreigingen die daarmee verbonden zijn.

Van realiteitsbeheersing naar mogelijkheidsmanipulatie
De gesignaleerde verschuiving van fysica naar biotechnologie is

meer dan een verschuiving van de ene natuurwetenschappelijke discipline naar de andere. Zij markeert tevens een transformatie van het mechanistische wereldbeeld, dat sinds de opkomst van de moderne natuurwetenschappen in de zestiende en zeventiende eeuw dominant was, naar een informationistisch wereldbeeld (zie ook De Mul 2010, 129-50).

Het mechanistische verklaringsmodel, dat in het eerste deel al kort werd aangestipt, is gebaseerd op drie fundamentele ontologische postulaten, dat wil zeggen vooronderstellingen waarmee mechanistische wetenschappen 'naar de werkelijkheid toegaan'. Het *postulaat van de analyseerbaarheid* stelt dat de werkelijkheid kan worden gereduceerd tot een verzameling atomaire bouwstenen. In de fysica en chemie zijn dat de elementen zoals die in het periodiek systeem zijn geordend. (Inmiddels weten we dat die atomen opgebouwd zijn uit nog kleinere subatomaire deeltjes, maar dat doet aan het postulaat niets af; de speurtocht naar steeds kleinere bouwstenen van het universum wordt er juist door voortgedreven.) Volgens het *postulaat van de wetmatigheid* wordt de interactie tussen de elementen bepaald door wetmatigheden, die in mathematische formules kunnen worden gevangen. Zo stelt de bekende gaswet van Boyle en Gay-Lussac (PV/T = constant) dat voor ieder gas in een afgesloten ruimte geldt dat de druk P maal het volume V gedeeld door de temperatuur T constant is.

Op basis van dergelijke wetmatigheden kunnen fysische verschijnselen niet alleen worden verklaard, maar ook – en daarop heeft het *postulaat van de beheersbaarheid* betrekking – worden voorspeld en daardoor beheerst. Je kunt op basis van de genoemde gaswet immers niet alleen achteraf verklaren waarom de druk in een afgesloten vat hoger is geworden nadat de temperatuur is verhoogd, maar je kunt door een simpele berekening ook exact voorspellen hoe hoog de druk zal worden wanneer je de temperatuur met tien graden verhoogt of verlaagt, en die kennis stelt je tevens in staat de druk in het vat te beheersen.

Het informationistische wereldbeeld, zoals dat onder andere in de biotechnologie tot ontwikkeling is gekomen, bouwt voort op het mechanistische wereldbeeld, maar transformeert het ook op een fundamentele wijze. Dat laat zich aflezen aan de drie postulaten die informationistische wetenschappen kenmerken. Ook deze wetenschappen ontleden de werkelijkheid in elementen – in de moleculaire biologie bijvoorbeeld vormen de vier verschillende typen nucleotiden de vier 'letters' waarin de erfelijke code van al het leven op aarde is geschreven – maar ze zijn primair gebaseerd op het *postulaat van de synthetiseerbaarheid* dat stelt dat de vorm die een bepaalde configuratie van materie en energie heeft, steeds opnieuw materie kan zijn van een complexere vorm van (zelf)organisatie op een hoger, emergent niveau. De evolutie van het leven op aarde is daarvan een goed voorbeeld. De opeenvolgende niveaus van complexiteit kunnen niet (volledig) worden gereduceerd tot hun constituerende elementen en vereisen om die reden een eigen verklaringsprincipe. Levende, zichzelf reproducerende systemen zijn meer dan de som van de mechanische (fysische en chemische) processen die er zich op cellulair niveau afspelen. En bewustzijn vooronderstelt weliswaar complexe (neurologische) processen in het brein, maar het laat zich daartoe niet reduceren.

Hoewel leven en bewustzijn zonder materie en energie onmogelijk zijn, kunnen we ze slechts adequaat begrijpen wanneer we ze beschouwen als per niveau in complexiteit toenemende informatieverwerkende systemen. Volgens de fysicus Freeman Dyson kunnen zelfs fysische systemen niet langer vanuit een louter mechanistisch perspectief worden begrepen: 'Het beeld dat levende wezens eerder patronen van organisatie zijn dan verzamelingen moleculen, geldt niet alleen voor bijen, bacteriën, vlinders en regenwouden, maar ook voor zandduinen, sneeuwvlokken, stormen en orkanen. Het universum van de niet-levende natuur is even dynamisch als het levende universum, en het wordt evenzeer gekenmerkt door organisatiepatronen die we nog niet goed begrijpen. De reductionistische fysica en moleculaire biologie zullen in de eenentwintigste eeuw belangrijk blijven, maar niet langer domineren' (Dyson 2007).

Nu treffen we ook onder evolutietheoretici aanhangers van een *greedy reductionism*, dat eigenschappen en gedrag van organismen reduceert tot de onderliggende fysische en chemische processen en daardoor *too much with too little* verklaart (Dennett 1995, 82). De codering van erfelijke eigenschappen door de genen is een uitzonderlijk ingewikkeld proces, waarbij vrijwel steeds, en in steeds wisselende combinaties, veel genen tegelijkertijd betrokken zijn. Het tot expressie komen van die genen(complexen) is bovendien afhankelijk van interactie met talloze intra- en extracellulaire signalen. Wanneer we deze complexe zelforganisatie willen begrijpen, is de determinatie van de genen slechts een voorlopige eerste stap. Het doorgronden van de complexe processen van informatieverwerking vereist geavanceerde vormen van bio-informationistische datamining, waarin statistische methoden en geavanceerde methoden van clustering en classificatie worden gecombineerd met vormen van *machine learning*, zoals genetische algoritmes en neurale netwerken, die afkomstig zijn uit het kunstmatig leven en intelligentie-onderzoek (Zvelebil en Baum 2008).

Waar binnen het mechanistische wereldbeeld een verschijnsel is verklaard wanneer de wetmatigheid waaraan het beantwoordt is gevonden, daar geldt in de informationistische wetenschappen het *postulaat van de programmeerbaarheid*, volgens welk een verschijnsel verklaard is zodra we het met behulp van een computerprogramma kunnen nabootsen (Coolen 1992, 49). En onderzoekers naar kunstmatige intelligentie proberen met behulp van computersimulaties van intelligent gedrag beter inzicht te krijgen in wat intelligentie is (Bedau 2003l; Johnston 2008).

Door het postulaat van programmeerbaarheid krijgt echter niet alleen de wetenschappelijke verklaring een andere betekenis, maar ook de voorspelling en beheersing. Zo kunnen met behulp van computerprogramma's als Bio-SPICE niet alleen simulaties worden gemaakt van tijd-ruimtelijk gerelateerde processen in bestaande cellen, maar kan ook het gedrag van in een cel ingebouwde genen en genencomplexen – 'genetische netwerken' – worden voorspeld (Bio-SPICE 2000). In deze context betekent voorspellen: het potentieel toekomstige *in silico*, dat wil zeggen in een computersimulatie, virtueel present stellen. Op overeenkomstige wijze wordt het ook mogelijk organismen en processen die in het verleden hebben plaatsgevonden of hadden kunnen plaatsvinden, te reconstrueren (De Mul 2009b).

Wat programmeerbaar is kan echter in veel gevallen ook *in vivo* (in levende organismen) of *in vitro* (in een reageerbuis) worden gerealiseerd door middel van genetische modificatie van bestaande organismen of de productie van synthetische organismen. Het onderzoek verlegt zich dan van het lezen naar het schrijven van de genetische code (Venter 2007). Zo wordt Bio-SPICE niet alleen ge-

in silico - in vitro - in vivo
metabolic pathway engineering
extended DNA (xDNA)

bruikt om de gesimuleerde organismen te bestuderen, maar ook om deze vervolgens te produceren. Bij een dergelijke *top-down in-vivo*-benadering wordt dan bijvoorbeeld gestart met de productie van 'minimale cellen'. Dat zijn cellen van micro-organismen waarvan alle niet-essentiële elementen zijn 'gestript', waardoor ze als drager kunnen fungeren voor allerlei nieuwe, in te bouwen eigenschappen. Zo wordt ook genoomtransplantatie mogelijk, waarbij alle erfelijke eigenschappen van een bacterie op een andere worden overgebracht (Lartigue e.a. 2007; volgens Venter 'the ultimate in identity theft', Venter 2007). Een ander voorbeeld van *in-vivo*-technieken is de *metabolic pathway engineering*, waarbij de metabole routes van bacteriën en andere organismen worden aangepast, bijvoorbeeld ten behoeve van de productie van arteminisine, een grondstof in een medicijn tegen malaria.

De synthetische biologie gaat nog een stap verder in de recombinatie van genetisch materiaal door niet uit te gaan van levende organismen, maar te pogen *in vitro* cellen vanaf de grond af op te bouwen door het gebruik van zelforganiserende biologische bouwstenen zoals nucleotiden en aminozuren. Deze *bottom-up*-methode wordt bijvoorbeeld gevolgd in het BioBricks-project, een publiek toegankelijke elektronische catalogus die een groeiend aantal gestandaardiseerde, biologische *open source*-bouwstenen bevat. Net als in het geval van gestandaardiseerde componenten in de micro-elektronica kunnen met behulp van BioBricks en een ontwerpprogramma *in vitro* synthetische biologische systemen worden gebouwd die zijn geoptimaliseerd voor bepaalde productie van specifieke biomoleculen (zie bbf.openwetware.org).

Veel onderzoek in de synthetische biologie vindt plaats op het raakvlak met de nanotechnologie, het bouwen van 'machines' op moleculair niveau, dat wil zeggen op een schaal van een miljardste tot een honderdste miljardste meter (= nanometer). Zo worden aan de TU Delft 'moleculaire motors' ontwikkeld die worden gebruikt om via een specifiek 'spoorwegnet' het transport van eiwitten in de cel te reguleren en manipuleren. Ook wordt de nanotechnologie gebruikt om DNA en RNA te modificeren.

Synthetische biologie. '*Synthetische biologie is engineering van de biologie: de synthese van complexe, op biologie gebaseerde (of geïnspireerde) systemen met functies die in de natuur niet voorkomen. Het engineering-perspectief kan worden toegepast op alle niveaus van de biologie – van individuele moleculen tot volledige cellen, weefsels en organismen. In wezen zal synthetische biologie het op een rationele en systematische manier ontwerpen van biologische systemen mogelijk maken.*' (Gezondheidsraad 2008, 11)

Vaak worden de verschillende benaderingen gecombineerd. In 2008 slaagden onderzoekers van het J. Craig Venter Institute erin een volledig synthetische kopie van het 582.970 basenparen tellende genoom van *Mycoplasma genitalium* te bouwen (Gibson e.a. 2008). In 2010 lukte het om het gesynthetiseerde genoom van *Mycoplasma mycoides* in een *Mycoplasma capricolum*-cel in te bouwen en dit 'besturingssysteem' de controle over de cel te laten overnemen. De cellen bleken zichzelf te kunnen reproduceren (Gibson e.a. 2010). Het genoom bevatte behalve een aantal spontane mutaties vier watermerken die het mogelijk maakten de nakomelingen van de cel te identificeren: het complete alfabet, de namen van alle zesenveertig betrokken wetenschappers, enkele citaten en het webadres van de cel. Hoewel er gebruik werd gemaakt van een bestaande cel, werd dit experiment in de pers gepresenteerd als het eerste voorbeeld van het scheppen van leven. Graig Venter zelf, geen toonbeeld van bescheidenheid, onderstreepte in een interview zowel het wetenschappelijke als het filosofische belang ervan. Volgens hem heeft het de definitie van het leven veranderd (Sample 2010). Dat is wellicht wat overdreven, maar duidelijk is dat biologie onder invloed van het informationistische wereldbeeld een belangrijke transformatie heeft ondergaan.

Genetische modificatie en synthetische biologie worden gekenmerkt door de eerder besproken 'database-ontologie', volgens welke de werkelijkheid bestaat uit atomaire elementen (atomen, anorganische moleculen, genen, neuronen) die op talloze wijzen kunnen worden gerecombineerd (zie ook De Mul 2009a). Dat is zeker mogelijk wanneer we bedenken dat de synthetische biologie zich niet langer beperkt tot de recombinatie van de vier genoemde 'letters' van het bestaande genetische alfabet, maar zich gaat toeleggen op de aanpassing van de gebruikte basen, bijvoorbeeld om *extended* DNA (xDNA) te maken of additionele letters te produceren door het synthetiseren en assembleren van 'onnatuurlijke', dat wil zeggen niet in het aardse DNA voorkomende basen: *xeno-nuclear acids* (XNA). Door deze *alien genetics* stijgt het aantal mogelijke recombinaties spectaculair (Benner e.a. 2003).

Inmiddels is het aantal nucleotiden uitgebreid tot zes en het aantal zal naar verwachting nog verder worden uitgebreid (Pinheiro e.a. 2012). Veranderde met de methodische teelt van gewassen en dieren de voor de evolutie kenmerkende natuurlijke selectie al in een kunstmatige selectie van natuurlijke elementen, in de genetische biologie loopt dit uit op een *kunstmatige selectie van kunstmatige elementen*.

Wetenschappen als de synthetische biologie worden om die reden gekenmerkt door wat we het *postulaat van de manipuleerbaarheid* zouden kunnen noemen. Waar de mechanistische wetenschappen primair gericht zijn op de beheersing van de bestaande natuur door de technische toepassing van wetmatigheden, daar richten informationistische wetenschappen zich op de creatie van nieuwe natuur door de recombinatie van al dan niet gemodificeerde natuurlijke en kunstmatig gesynthetiseerde elementen. Het zijn modale wetenschappen in de zin dat ze niet zozeer lijken te worden geleid door de vraag hoe de werkelijkheid is, maar veeleer door de vraag hoe deze zou kunnen zijn (Emmeche 1991). De convergentie van biologie op nanoschaal, informatietechnologie en engineering mondt uit in databases die ons in staat stellen natuurlijke en kunstmatige bouwstenen te recombineren tot zelforganiserende systemen. In de woorden van de fysicus Freeman Dyson: 'De grote problemen, de evolutie van het universum als geheel, de oorsprong van het leven, de aard van het bewustzijn en de evolutie van het aardse klimaat kunnen niet begrepen worden wanneer we ze reduceren tot elementaire deeltjes en moleculen. Wat we nodig hebben zijn nieuwe manieren van denken en nieuwe manieren om grote databases te organiseren' (Dyson 2007).

Van grijze naar groene technologie

Waar de fysica en anorganische chemie ten grondslag lagen aan de dominante technologieën van de twintigste eeuw, mag op basis van de hierboven beschreven ontwikkelingen verwacht worden dat de biotechnologie zal uitgroeien tot een van de dominante technologieën in de eenentwintigste eeuw. In de afgelopen decennia is de maatschappelijke impact van deze technologieën reeds zichtbaar geworden, onder meer in medische toepassingen zoals (prenatale) genetische screening, het gebruik van DNA om daders te identificeren in de rechtspraak, en genetische modificatie van gewassen en dieren. Gezien het fundamentele karakter en het haast onbeperkte toepassingsgebied van nieuwe disciplines zoals synthetische biologie kunnen op veel gebieden nieuwe ontwikkelingen worden verwacht.

In het licht van de enorme toename van de wereldbevolking – van circa 1 miljard rond 1800 via 3 miljard in 1960 naar 7 miljard nu, terwijl de wereldbevolking ook nog eens steeds meer energie verbruikt en voedsel consumeert – is het niet gek te veronderstellen dat de aandacht zich de komende decennia vooral zal richten op de voedselproductie en de ontwikkeling van biobrandstoffen. Zoals we gezien hebben werden ook de vorige grote revoluties in de geschiedenis van de mensheid – de Agrarische en de Industriële Revolutie – gemotiveerd door de noodzaak om de voedselproductie te intensiveren.

Nu staan die twee doelstellingen op gespannen voet, aangezien biobrandstoffen als ethanol en butanol gemaakt worden van gewassen die ook bestemd zijn voor voedselvoorziening. De uitdaging is dan ook om de efficiëntie van de omzetting van zonlicht via biomassa naar biobrandstoffen te vergroten, gebruik te maken van gewassen die niet gebruikt worden voor voedselvoorziening en/of te proberen productiewijzen te ontwikkelen die geen gebruik maken van landbouwgrond.

In zijn in 1999 gepubliceerde *The Sun, the Genome, and the Internet* en het daarbij aanknopende essay 'Our Biotech Future', dat in 2007 in *The New York Review of Books* werd gepubliceerd, houdt de fysicus en visionair Freeman Dyson een hartstochtelijk pleidooi voor een 'groene technologie' waarin een hoofdrol is weggelegd voor zonne-energie, genetica en het internet.

Freeman Dyson. *Van alle personen met wie ik tijdens mijn verblijf aan het Institute for Advanced Study in Princeton in 2012 mocht kennismaken, was Freeman Dyson de meest kleurrijke. Na Einstein, Gödel en Von Neumann is hij bij het grote publiek waarschijnlijk ook een van de bekendste IAS-coryfeeën. De in 1923 in Engeland geboren Dyson heeft niet alleen belangrijke bijdragen geleverd aan de kwantummechanica, wiskunde, astronomie, kernfysica en ruimtevaart (op grond waarvan hij in 1953 een levenslange aanstelling kreeg aan het IAS), maar is ook een toonbeeld van grote maatschappelijke betrokkenheid, tegendraadse instelling en liefde voor metafysische thema's, sciencefiction en toekomstvoorspellingen. Deze intrigerende mix heeft onder meer zijn weg gevonden in een reeks publicaties voor een breed publiek. Op 27 en 28 september 2013 werd Dysons negentigste verjaardag en zestigjarige dienstverband met een groots opgezet lezingenprogramma op het IAS gevierd:* Dreams of Earth and Sky *(http://video.ias.edu/dyson-dreams).*

Jos de Mul tijdens een *After Hours Lecture* over het biotechnologisch sublieme op het IAS in Princeton, 4 oktober 2012, met Freeman Dyson op de witte klapstoel.

Waar de aardse energiebronnen op dreigen te geraken, daar biedt de zon een voor menselijke begrippen onbeperkte hoeveelheid energie die we dankzij de snelle technische ontwikkeling van zonnecollectoren steeds beter weten te benutten. De genetica stelt ons vervolgens in staat om planten te ontwerpen die het zonlicht op goedkope, efficiënte en schone wijze kunnen omzetten in energie en voedsel. Het internet, ten slotte, zal een eind maken aan de intellectuele en economische isolatie van het platteland, waardoor het platteland opnieuw kan opbloeien en de trek naar de steden tot stoppen kan worden gebracht (zie ook Dysons bijdrage aan Brockman 2008; Dyson 1999). Overal ter wereld zien we dat mensen het platteland ontvluchten om – vaak tevergeefs – hun geluk te zoeken in overbevolkte metropolen. Leefde in China, om een voorbeeld te noemen, rond 1900 nog 80% van de bevolking op het platteland, nu is de verhouding *fifty-fifty* en bij ongewijzigde omstandigheden verwachten demografen dat rond 2040 80% van de Chinezen in (mega)steden zal wonen. Die trek naar de steden brengt behalve grote sociale problemen ook omvangrijke schade toe aan het milieu.

Volgens Dyson biedt *open source*-biotechnologie ongekende mogelijkheden om die problemen te lijf te gaan. Zelfs de meest efficiënte oogstgewassen als suikerriet en maïs zetten niet veel meer dan 1% van het zonlicht om in chemische energie. Silicium zonnepanelen daarentegen halen een rendement van ongeveer 15% uit zonlicht. Door met behulp van genetische modificatietechnieken het groene chlorofyl in planten te vervangen door het zwartgekleurde silicon, kan volgens Dyson het land dat nodig is voor de productie van biomassa worden gereduceerd met minstens een factor tien. Het zou misschien even wennen zijn en het Zwarte Woud zou wereldwijd zwar(t)e concurrentie krijgen, maar het zou ook grote mogelijkheden bieden voor de armoede waarmee rurale gebieden wereldwijd te kampen hebben.

Open source-biotechnologie. *Verwijzend naar het werk van de bioloog Carl Woese stelt Dyson dat deze open source-biotechnologie het einde inluidt van de* Darwinian Interlude. *Woese is een van de eersten geweest die erop hebben gewezen dat er in de vroege fase van de evolutie van het leven op aarde nog geen afzonderlijke soorten bestonden, maar dat er een voortdurende vrije horizontale overdracht van genetisch materiaal plaatsvond, waardoor alle cellen profiteerden van elkaar. De eerste bacterie die weigerde te delen –* 'anticipating Bill Gates by three million years' *– maakte een einde aan dit 'biologisch communitarisme' en markeerde het begin van de darwiniaanse evolutie waarin de verschillende soorten elkaar voortdurend naar het leven staan. Vanaf het moment dat de* Homo sapiens *op het evolutionaire toneel verscheen, zo'n paar honderdduizend jaar geleden, werd de darwiniaanse evolutie die wordt gekenmerkt door een natuurlijke selectie van genetisch materiaal dat verticaal wordt overgedragen van het organisme op zijn nakomelingen, gecomplementeerd en gaandeweg gedomineerd door een culturele (r)evolutie waarbij ideeën, vaardigheden en artefacten zich horizontaal verspreiden tussen de individuen:*

> *En nu, terwijl* Homo sapiens *de biotechnologie domesticeert, doen we de oude pre-darwiniaanse praktijk van horizontale overdracht van genen herleven, door genen eenvoudig heen en weer te bewegen van microben naar planten en dieren, waarmee we de grenzen tussen de soorten uitwissen. Met grote snelheid bewegen*

> we ons in de richting van een post-darwiniaans tijdperk, waarin
> geen andere soorten dan de onze zullen bestaan, en waarin de re-
> gels van het open source delen zullen zijn uitgebreid van de uit-
> wisseling van software naar de uitwisseling van genen.
> (Dyson 2007)

Volgens Dyson zouden groene technologieën kunnen leiden tot een nieuwe bloei van het platteland. Het waren immers ook groene technologieën – de domesticatie van planten en dieren en de daarmee samenhangende landbouw en veeteelt, de fabricage van textiel, kaas en wijn etc. – die tienduizend jaar geleden, in het Neolithicum, de overgang markeerden van een jagers-verzamelaarscultuur naar een boerensamenleving met welvarende dorpen. De 'grijze industrie', die in het ijzeren en bronzen tijdperk begon met de uitvinding van het wiel, de geplaveide weg en de productie van schepen en metalen wapens, is daarentegen nauw verbonden met het ontstaan van de stad. De grijze technologie leidde in latere eeuwen ook tot de ijzeren ploeg, tractoren en bio-industrieën die niet alleen de productie vergrootten, maar er ook toe leidden dat veel van de resulterende rijkdom verschoof in de richting van de stedelijke corporaties en kapitaalverschaffers. Vooral in de twintigste eeuw, die aan de wieg stond van een hele reeks op fysica gebaseerde grijze technologieën, vergrootte zich de tegenstelling tussen het arme platteland en de rijke stad.

Dysons hoop is dat de biotechnologie, die ons de afgelopen vijftig jaar inzicht heeft geboden in de basale processen van het leven en die in de laatste twintig jaar heeft geleid tot een ware explosie aan groene technologieën, een nieuwe bron van rijkdom voor het platteland kan betekenen en zo de balans tussen platteland en stad weer kan herstellen. Net als tienduizend jaar geleden zal dit leiden tot de ontwikkeling van vele nieuwe soorten planten en dieren, ditmaal niet door een traag proces van *trial and error*, maar vele malen efficiënter en sneller dankzij de nieuwe inzichten en technieken. Het zal volgens hem leiden tot voedzamere gewassen die geen herbiciden behoeven en daardoor het milieu zullen sparen. Gemodificeerde en synthetisch geproduceerde microben en planten zullen ons in staat stellen vele dingen goedkoper en schoner te doen dan de grijze technologieën.

Bovendien bieden deze microben en planten – aldus Dyson – uitzicht op talloze nieuwe toepassingen waartoe de grijze technologie in het geheel niet in staat was. Milieuvriendelijke groene technologieën zullen de plaats innemen van vervuilende mijnen en chemische fabrieken. Genetisch gemodificeerde aardwormen zullen metalen als aluminium en titanium aan de klei onttrekken en met synthetische zeewieren kunnen op hun beurt magnesium en goud worden onttrokken aan zeewater. Dyson heeft een duurzame wereld op het oog waarin niet langer de fossiele voorraden worden uitgeput, maar zonlicht de voornaamste energiebron zal zijn en genetisch gemodificeerde en synthetische bacteriën en bomen auto's en uitlaatgassen zullen recyclen. Omdat de nieuwe groene technologieën land en zon behoeven, zullen ze vooral het platteland in tropische gebieden rijkdom brengen en daarmee de balans tussen rijke en arme landen meer in evenwicht brengen.

Grenzen aan het groen

Het toekomstscenario dat Dyson schetst ziet er aanlokkelijk uit, maar het is de vraag hoe realistisch het is. Onze Diogenes zal in het licht van Plessners derde antropologische grondwet dit utopische scenario wellicht eerder beschouwen als een uitdrukking van misplaatste hoop. Er dienen in ieder geval enkele serieuze kanttekeningen bij Dysons toekomstdroom te worden geplaatst.

Voor Dysons stelling dat de toekomstige technologie 'groener' zal zijn dan de technologieën die we de afgelopen jaren hebben gekend, is in het licht van de besproken ontwikkelingen in de biotechnologie veel te zeggen. Het is echter de vraag of deze groene technologie de rijkdom aan de armen brengende *open source biology* zal zijn die Dyson op het oog heeft. Hoewel er onder biotechnologische onderzoekers inderdaad sinds de jaren negentig van de vorige eeuw een *open source biology*-beweging bestaat, die onder andere actief is in de non-profit BioBricks Foundation (Cohn 2005), wordt deze geheel overvleugeld door met durfkapitaal gefinancierde research-centra als het J. Craig Venter Institute en multinationals als Monsanto. Veel van de in de vorige paragraaf genoemde objecten (zoals nieuwe nucleotiden, eiwitten, aminozuren en synthetische cellen) en methoden om die te vervaardigen (zoals *biosynthetic pathway engineering*) zijn omgeven met patenten. Er zijn zelfs patenten verkregen op (delen van) genen op basis van informatie over hun sequentie (ETC Group 2007).

Het is dus de vraag of dergelijke 'biopiraterij' – het in exclusief eigendom en exclusieve controle verkrijgen van biologische bronnen, producten en procedés die eeuwenlang gebruikt zijn in niet-geïndustrialiseerde culturen (Shiva 2004, 57) – voor arme landen en voor het platteland niet zal leiden tot 'synthetische slavernij', aangezien zij veel zullen moeten gaan betalen voor de gemodificeerde en synthetische gewassen. Vooral wanneer we bedenken dat de kans niet denkbeeldig is dat deze nieuwe gewassen, wanneer ze resulteren in een hogere of kwalitatief betere opbrengst, de bestaande natuurlijke of door traditionele teelt verkregen gewassen in toenemende mate zullen gaan verdringen. Dat zou ook kunnen gebeuren wanneer de gemodificeerde gewassen zich zouden gaan uitkruisen en zich als gevolg daarvan onomkeerbaar zouden gaan vermengen met andere soorten. In beide gevallen zou het een aanslag kunnen betekenen op de biodiversiteit.

Bovendien zal een meer efficiënte synthetische productie van gewassen in rijkere landen juist concurrentie betekenen voor de traditionele productie in armere landen. Zo wordt door de in Californië gevestigde Yulex Corporation, in samenwerking met het Colorado State Agricultural Experiment Station, gewerkt aan het inbouwen van genetische netwerken in microben ten behoeve van rubberproductie. De doelstelling is om daarmee volledig te kunnen voorzien in de binnenlandse vraag naar rubber, die nu nog wordt betrokken van veelal kleine rubberplantages in de derde wereld (ETC Group 2007, 32 e.v.). Een ander voorbeeld is dat de eerdergenoemde productie voor medische toepassing van artemisine in grootschalige *Bug Sweatshops* ten koste gaat van Afrikaanse boeren die artemisine van oudsher extraheren uit de Artemisia (idem, 52).

Volgens Dyson is de angst voor de dominantie van multinationals onterecht. Hij voorziet dat de biotechnologie dezelfde ontwikkeling zal volgen als de ICT. Waar de eerste mainframe computers het monopolie waren van grote bedrijven, is de computertechnologie binnen enkele decennia toegankelijk geworden en gedomesticeerd door brede lagen van de bevolking. Dyson voorziet dat er binnen enkele decennia goedkope DNA-scanners en -printers op de markt zullen komen die de consument in staat zullen stellen zijn eigen planten en dieren te ontwerpen (Dyson 2007). Zo'n 'DNA-printer' klinkt ons wellicht als louter sciencefiction in de oren, maar momenteel kun je al een tweedehands DNA-synthesizer aanschaffen voor niet veel meer dan vijfhonderd euro, en BioBricks zijn voor een paar euro te bestellen via online postorderbedrijven. Een combinatie van beide technologieën zou dan resulteren in een biologische variant van de inmiddels in opmars zijnde 3D-printer, die de eigenaar in staat zou stellen zijn eigen bloemen en huisdieren te 'printen'.

Vanwege de hoge bewakingskosten, verplichte risicoanalyses en aansprakelijkheidsregels is de ontwikkeling van gemodificeerde gewassen inmiddels echter zo duur geworden, dat die alleen nog bekostigd kan worden door een klein aantal multinationale zaadbedrijven en chemieconcerns. Het is niet zonder tragische ironie dat de ontwikkeling van *open source biology* in Europa de afgelopen decennia ook is tegengehouden door milieuactiegroepen als de Ziedende Bintjes. Deze actiegroepen hebben proeven van universitaire onderzoekers die onafhankelijk van multinationals opereren, bijkans onmogelijk gemaakt door het vernielen van proefveldjes waarin gemodificeerde gewassen *in vivo* worden getest (Heselmans 2008).

Nu zijn er ook best goede redenen om de biotechnologie niet zonder meer toe te juichen. Biotechnologie kan mens en milieu – per ongeluk of opzettelijk – ernstige schade toebrengen. Met behulp van een laptop, publiek toegankelijke DNA-databases en via internet verkregen synthetische DNA kan tamelijk eenvoudig een dodelijk pathogeen worden gebouwd. In 2002 toonde de moleculaire bioloog Eckhard Wimmer aan dat op een dergelijke wijze een functioneel poliovirus kan worden gebouwd en in 2005 slaagden onderzoekers van het US Armed Forces Institute in Washington erin om met behulp van weefsel van in 1918 gestorven slachtoffers van de Spaanse griep – waaraan destijds tussen de twintig en vijftig miljoen mensen waren overleden – het virus te reconstrueren. Volgens de nooit om een *sweeping statement* verlegen zittende Craig Venter was dit 'the first true Jurassic Park scenario' (ETC Group 2007, 24).

Dat deze 'militarisering van de biologie' velen grote zorgen baart, is niet verwonderlijk. Het gebruik van biologische wapens tijdens de burgeroorlog in Syrië in 2013 leerde dat dit ondanks internationale verdragen nog altijd een reële mogelijkheid is. Daarbij gaat het niet alleen om de inzet van biologische wapens door conventionele legers, maar moet ook gedacht worden aan uiteenlopende vormen van bioterreur. In principe kunnen nu reeds met eenvoudige middelen dodelijke virussen worden gebouwd en op de samenleving losgelaten. En via het internet kan het bouwplan van zo'n virus zich razendsnel verspreiden. Wanneer Dysons DNA-printer werkelijkheid wordt, krijgt het begrip 'computervirus' een nogal *unheimliche* tweede betekenis.

Genetische mensverbetering

Leidt de genetische modificatie van planten en dieren al tot heftige discussies tussen voor- en tegenstanders, de mogelijkheid om biotechnologisch in te grijpen in de erfelijke eigenschappen van de mens roept al helemaal veel weerstanden op. Dat weerhoudt Dyson er niet van in *The Sun, the Genome, and the Internet* een pleidooi te houden voor wat hij in navolging van de bioloog Lee Silver aanduidt als *reprogenetica*, gericht op de verbetering van de kwaliteit van het nageslacht door het verwijderen van genen met kwalijke eigenschappen en het invoegen van genen die de kwaliteit van het leven kunnen verhogen (Dyson 1999, 105-113).

Hoewel de stand van de wetenschap *reprogenetica* momenteel nog

niet mogelijk maakt, mag op basis van de razendsnelle ontwikkelingen in de biotechnologie volgens Dyson worden verwacht dat het op niet al te lange termijn zover zal zijn. En in navolging van Silvers *Remaking Eden: Cloning and Beyond in a Brave New World* verwacht Dyson dat de mogelijkheden ook benut zullen worden, omdat er weinig drijfveren in de mens zo sterk zijn als de diep in onze natuur gewortelde drang tot voortplanting (Silver 1997).

Waar Silver vooral de nadruk legt op de gevaren van *reprogenetica*, zoals een ongelijke toegang tot deze kostbare technologieën, met als gevolg een mogelijke splitsing van de *Homo sapiens sapiens* in twee verschillende soorten (de *GenRich* en de *Naturals*), daar verwacht Dyson dat net als de computer en de bioprinter ook deze biotechnologieën snel binnen het bereik van de armeren zullen komen. Bovendien hoopt hij erop dat ons nageslacht zo wijs zal zijn te besluiten dat menselijke genen niet thuishoren op de vrije markt. Wel denkt hij net als Silver dat een *genetic divide* tussen verschillende transhumane levensvormen onvermijdelijk zal zijn. Dat is eigen aan de evolutie van het leven en niet noodzakelijk een probleem. Volgens

Dyson zal de genetische splitsing namelijk vooral bepaald worden door 'verschillende levensfilosofieën en levenswijzen'.

Dyson sluit niet uit dat dit op onze 'kleine en overvolle planeet' tot allerlei conflicten zal leiden. Als we in herinnering roepen hoe het de met *Homo sapiens* 2.0 concurrerende *Homo*-soorten is vergaan, dan lijkt me die kans inderdaad niet ondenkbaar. Dyson verwacht evenwel dat deze problemen zich zullen oplossen, doordat sommige van die *Homo sapiens* 3.0-soorten ervoor zullen kiezen onze planeet te verlaten om zich elders in het heelal verder te ontwikkelen.

Hoewel de biologische diversificatie nog op zich laat wachten, is de eerste commerciële ruimtereis naar Mars al aangekondigd. De Nederlandse missie Mars One – geadviseerd door onder meer natuurkundehoogleraar en Nobelprijswinnaar Gerard 't Hoofd – wil in 2023 vier astronauten op de Rode Planeet hebben lopen en de wereldbevolking daarvan via een *Big Brother*-achtig programma laten meegenieten (www.mars-one.com/mission). Er kan overigens alleen een enkele reis worden geboekt. En dat geldt waarschijnlijk niet alleen voor de individuen die een felbegeerd kaartje bemachtigen, maar ook voor de mensensoort die zij vertegenwoordigen. Zelfs zonder dat zij voor de reis genetisch zijn aangepast, zal nieuwe soortvorming onvermijdelijk het gevolg zijn, zoals dat steeds het geval is geweest in de evolutie bij een migratie naar een andere omgeving.

Dyson doet een beroep op de evolutie van het leven op aarde om de onvermijdelijkheid van de genetische splitsing te verdedigen. Hij lijkt voorbij te gaan aan het feit dat de evolutie van de mensheid voor een niet onbelangrijk deel wordt bepaald door een 'onnatuurlijke selectie' en dat daartoe ook ethische overwegingen behoren. Ook die maken immers deel uit van de voor ons (zelf)bewustzijn kenmerkende 'reflectieve lus', die ons in staat stelt neerwaarts in te grijpen in de (an)organische natuur. En zoals al opgemerkt zijn de weerstanden tegen *genetische* verbetertechnologieën bijzonder groot.

Nu zijn niet alle verbetertechnologieën omstreden. Brillen, gehoorapparaten, protheses voor gehandicapten, voedingssupplementen, vaccinatie tegen ziekten en in-vitrofertilisatie zijn in grote delen van de wereld algemeen geaccepteerd. En ook bij cognitieve verbetertechnologieën zoals het schrift, de computer en het internet ebden aanvankelijke bezwaren snel weg. De acceptatie en domesticatie van nieuwe technieken nemen altijd enige tijd in beslag (Frissen 2004).

Andere verbetermiddelen zoals doping, cosmetische chirurgie en het niet-therapeutische gebruik van (psycho)farmaceutica als ritalin om de cognitieve prestaties te verbeteren, zijn omstreden, hoewel de publieke opinie ook hier aan het schuiven is (Van Est e.a. 2009b).

Dat ingrijpen in de erfelijke eigenschappen van de mens nog steeds heftige emoties oproept, heeft vanzelfsprekend te maken met de kwalijke reputatie van 'autoritaire eugenetica'. Niet alleen in nazi-Duitsland, waar uit naam van het streven naar een superieur Arisch ras miljoenen Joden, zigeuners en gehandicapten en andere inferieur geachte groepen op gruwelijke wijze zijn vermoord, maar ook in beschaafdere landen zoals de Verenigde Staten, Canada, Japan en Zweden zijn eugenetische ingrepen als sterilisatie van recidiverende misdadigers, verkrachters, 'imbecielen' en 'idioten' tot ver in de twintigste eeuw regeringspraktijk geweest.

Toch tekent zich zelfs hier langzamerhand een kentering af. Toen ik in 1999, ten behoeve van een boek over het humanisme in de eenentwintigste eeuw, een artikel schreef over het transhumanisme, werd de beweging door velen nog weggehoond als een even immorele als onrealistische sciencefictionfantasie (De Mul 1999). Nu, amper vijftien jaar later, is mensverbetering – *human enhancement* – een serieus onderwerp voor wetenschappers en adviesorganen van de overheid (Van Est e.a. 2009a; Koops e.a. 2013; voor een overzicht van de discussie, zie Savulescu en Bostrom 2009a).

Natuurlijk zijn er nog steeds felle tegenstanders. En deze 'bioconservatieven' hebben ook zwaarwegende argumenten. Naast de moeilijk te overschatten gezondheidsrisico's lijken ook de mogelijke kwalijke maatschappelijke gevolgen vaak door de transhumanisten te worden onderschat. Dysons hoop dat menselijke genen zich zullen kunnen onttrekken aan de krachten van de vrije markt, wordt gelogenstraft door het feit dat er zich nu reeds genen in ons lichaam bevinden waarop patenten berusten die in handen zijn van biotechnologische multinationals. Heideggers stelling dat de mens de belangrijkste grondstof van de planetair heersende techniek is geworden, kan niet worden afgedaan als nostalgisch gezeur uit het Zwarte Woud (Heidegger 1967, I, 84; zie ook Hoppe 2009). En dat biologische diversificatie kan leiden tot ernstige sociale problemen en mogelijk zelfs een oorlog tussen mensensoorten, wordt zelfs door Dyson erkend. Ook de door Michael Sandel gestelde vraag of het streven naar perfectie onze 'openheid voor het ongevraagde' niet zal aantasten, verdient serieuze aandacht (Sandel 2007).

Het argument dat we 'niet voor God mogen spelen', is vanuit een naturalistisch perspectief bezien minder overtuigend. De vraag is veeleer of we 'voor evolutie mogen spelen'. Het antwoord daarop is dat we ons daar niet aan kunnen onttrekken. Ook onze technische intelligentie behoort, zoals ik eerder met Gould opmerkte, tot het evolutionaire toeval, dat wil zeggen tot het domein van wat Sandel 'het ongevraagde' noemt. Ook het beroep op respect voor 'de menselijke natuur' is in het licht van de evolutie problematisch. Nog los van het feit dat 'de menselijke natuur' een begrip is dat een grote variatie in genotype en fenotype afdekt, is die menselijke natuur voortdurend aan verandering onderhevig, zowel in de tijd als in de ruimte. Bovendien bestaat er weinig overeenstemming over de normatieve vraag welke eigenschappen ons nu precies menselijk maken. Daar komt nog bij dat het van weinig respect voor de mens zou getuigen wanneer we hem zijn natuurlijke kunstmatigheid, en daarmee zijn inherent technische bestaanswijze, zouden ontzeggen.

Dat wil natuurlijk niet zeggen dat we alle verbetertechnologieën kritiekloos moeten aanvaarden. We zullen ze van geval tot geval met een kritische blik moeten beoordelen. Het gaat erom telkens te bepalen wat de betreffende technologie belooft te verbeteren en op welke wijze, wie er toegang toe heeft, wie daarover beslist, binnen welke culturele en sociopolitieke context, en ten koste van welke andere prioriteiten het gaat (Savulescu en Bostrom 2009a, 3). In een globaliserende wereld met ver uiteenlopende waarde- en normensystemen zal dat ongetwijfeld gepaard gaan met politieke strijd.

Ook wie geen principiële bezwaren heeft tegen mensverbetering, zal zich daarbij telkens moeten afvragen waarom de natuur in haar 'evolutionaire wijsheid' niet zelf met die oplossing is gekomen. Wanneer dat het geval is omdat een eigenschap is ontstaan onder omstandigheden die inmiddels zijn veranderd, omdat wij andere waarden willen realiseren dan de natuur (die als enige 'waarde' aangepastheid aan de omgeving kent), of omdat wij kunnen beschikken over kunstmatige middelen die de natuur moe(s)t ontberen, dan is een ingreep te overwegen. In andere gevallen zijn er meestal 'goede redenen' waarom die eigenschap niet tot ontwikkeling is gekomen (Savulescu en Bostrom 2009b).

Maar zelfs wanneer we de uiterste voorzichtigheid betrachten, blijft het de vraag in hoeverre wij in staat zullen zijn onze biotechnologische toekomst in de hand te houden. En dat probleem is bij de groene technologie nog weer een slag groter dan in het geval van de grijze technologieën die we in de afgelopen eeuwen hebben ontwikkeld.

Van bio*tech* naar *bio*tech

Mensen ontwikkelen technologieën in de hoop daarmee de natuur te kunnen beheersen en zo hun lot in eigen hand te nemen. Sinds de opkomst van de moderne, mechanistische natuurwetenschappen in de zestiende en zeventiende eeuw heeft de technische 'domesticatie van het noodlot' grote successen geboekt. Technologieën produceren echter niet alleen 'beheersbaarheid', maar ook risico's. Niet alleen kunnen technologieën worden misbruikt voor kwade doeleinden, maar ook wanneer de intenties goed zijn kunnen technologieën veel onheil veroorzaken. Dat komt niet alleen doordat veel technologieën ambigu zijn, in de zin dat ze zowel nuttige als schadelijke effecten met zich meebrengen, maar ook doordat de meeste technologieën onvoorziene neveneffecten met zich meebrengen.

In principe kunnen in het geval van de mechanistische wetenschappen de effecten van ingrepen in de natuur volledig worden voorspeld en beheerst, waardoor ook de risico's vooraf kunnen worden berekend. We kunnen vrij nauwkeurig berekenen hoe groot het risico is dat een met een bepaald gas gevuld vat explodeert wanneer de temperatuur een bepaalde waarde overschrijdt. In de praktijk zijn voorspelling en beheersing echter aan strikte grenzen gebonden. Volledige voorspelling en beheersing zijn slechts mogelijk in gesloten, gedetermineerde systemen. In werkelijkheid zijn systemen meestal open, waardoor tal van onvoorziene factoren het resultaat van technisch ingrijpen kunnen beïnvloeden. Vanwege de eindigheid van de menselijke kennis is het onmogelijk alle relevante factoren in een voorspelling te betrekken. Wanneer er sprake is van chaotische systemen – dat wil zeggen systemen die weliswaar volledig gedetermineerd zijn, maar die worden gekenmerkt door een gevoelige afhankelijkheid van de begintoestand – worden voorspellingen voorbij de zeer korte termijn zelfs gekenmerkt door een principiële onzekerheid (De Mul 2008c, 38 e.v.). Weersvoorspellingen zijn daarvan een notoir voorbeeld. Anders dan als risico's laat onzekerheid zich niet berekenen.

Onsterfelijke klonen. *De mogelijkheid om mensen te klonen en hen daarmee onsterfelijk te maken, is een centraal thema in de romans* Elementaire deeltjes *en* De mogelijkheid van een eiland *van de Franse schrijver Michel Houellebecq (Houellebecq 1999, 2005). Waar hij het klonen in de eerstgenoemde roman op de hem eigen provocerende manier presenteert als een middel om veroudering en de dood te overwinnen, daar blijkt in de laatstgenoemde roman het leven van de onsterfelijke klonen te worden geplaagd door een ondraaglijke emotionele vervlakking, waardoor een van hen zelfs uit vrije wil kiest voor een sterfelijk bestaan (voor een uitvoerige bespreking van deze romans, zie De Mul 2008c, 291-307).*

Ook biotechnologieën produceren een dergelijke onzekerheid. Dat hangt in de eerste plaats samen met de complexiteit van levende systemen. Hoe indrukwekkend de groei van de kennis van fundamentele levensprocessen ook is, we staan nog maar aan het begin van het ontcijferen van het complexe samenspel tussen genencomplexen, de overige chemische processen in het lichaam en de omgeving. Zo stelt de regulerende rol die het niet-coderende deel van het DNA speelt bij het al of niet tot expressie komen van de genen, onderzoekers nog altijd voor vele raadsels. En dan heb ik het nog niet eens over de onvoorspelbare psychische effecten die radicaal nieuwe verbetertechnieken als klonen met zich meebrengen.

De onzekerheid die biotechnologieën produceren, is echter niet alleen te wijten aan de eindigheid van onze wetenschappelijke kennis en het feit dat een toename van kennis niet automatisch een toename van beheersbaarheid met zich meebrengt. De onzekerheid heeft een meer fundamenteel karakter, voortvloeiend uit het eerdergenoemde postulaat van de synthetiseerbaarheid. In de biotechnologie worden artefacten gecreëerd die worden gekenmerkt door een kleinere of grotere mate van 'zelfwerkzaamheid'; ze kennen een (voor)vorm van subjectiviteit. Bovendien ontwikkelen ze zichzelf en vertonen daardoor principieel onvoorspelbaar gedrag. Dat komt nog bovenop de spontaan optredende mutaties. Levende organismen interacteren voortdurend met hun omgeving. Als gevolg daarvan kunnen ingebouwde eigenschappen door horizontale overdracht overspringen op andere natuurlijke, gemodificeerde of gesynthetiseerde organismen. Doordat het aantal mogelijke modificaties hyperastronomisch groot is, zijn de effecten van mutaties en horizontale overdracht principieel onvoorspelbaar. In de nanotechnologie wordt wel gesproken van het gevaar dat zelfreproducerende nanorobots *out of control* raken en het aardoppervlakte zouden kunnen gaan bedekken met een 'grijze drab' (*gray goo*). In een biotechnologische wereld van voortdurend evoluerende 'machines' lijkt de kans dat zich een verstikkende 'groene drab' ontwikkelt, minstens zo groot.

> **Hyperastronomica.** *Er zijn drie miljard nucleotiden en vier verschillende 'letters' waarin de code van het menselijk genoom is geschreven. Het aantal mogelijke nucleotiden-sequenties komt daarmee op $4^{3.000.000.000}$. Daarmee vergeleken is het aantal atomen in het universum (naar schatting ca. 10^{80}) verwaarloosbaar klein. Wanneer daar nog alien-nucleotiden aan worden toegevoegd, neemt dit aantal nog met vele machten toe. Vanzelfsprekend zal het merendeel van de logisch mogelijke sequenties vanwege fysische, chemische, biologische en historische beperkingen niet mogelijk zijn of geen levensvatbare organismen opleveren. Maar met het aantal mogelijke levensvatbare mutanten kun je het ons bekende universum gemakkelijk miljoenen malen vullen (Dennett 1995, zie ook de bespreking van het infinite monkey theorem op blz. 43 e.v.).*

Hoewel we dankzij het postulaat van de manipuleerbaarheid in de biotechnologie dieper in de natuur kunnen ingrijpen dan ooit tevoren, treedt het 'object' van onderzoek en manipulatie onvermijdelijk en steeds sterker zelf als actor op. Waar Bruno Latours toeschrijving van actorschap aan de veiligheidsgordel naar diens eigen zeggen nog kan worden afgedaan als een vorm van overdrijving (Latour 2002), daar creëert de biotechnologie daadwerkelijk actoren met een eigen 'programma' en, naarmate de complexiteit groter wordt, eigen intentionaliteit.

Hier lijkt zich een omkering af te tekenen van Plessners tweede antropologische grondwet, die van de 'bemiddelde onmiddelijkheid' van de menselijke cultuur en techniek (zie blz 75). De onbeheersbaarheid van de 'oude techniek' was vooral te wijten aan het feit dat haar effecten onvoorzien en soms zelfs onvoorzienbaar waren, maar de 'kunstmatige natuurlijkheid' die door de versmeltende technologieën letterlijk 'in het leven' wordt geroepen, is principieel onvoorspelbaar (Van Mensvoort en Grievink 2012). biotech is namelijk op een fundamentele wijze steeds ook biotech en daarom principieel *out of control* (Kelly 1994).

Bovendien zal de ervaring van de technologische bemiddeling onzichtbaarder worden naarmate ze dieper ons lichaam binnendringt en onze 'positionaliteit' en 'grensrealisering' gaat reconfigureren. Waar de brildrager de bril op zijn neus nauwelijks opmerkt, omdat deze deel is gaan uitmaken van zijn lichaamsschema, maar hem nog steeds kan afzetten, daar zullen we de ervaringstechnologieën die zich diep in de zintuigen genesteld hebben in het geheel niet meer kunnen objectiveren. Bemiddelde onmiddelijkheid gaat dan ook in deze zin op in *onmiddellijke bemiddeldheid*.

Dysons idee dat wij de biotechnologie weldra zullen hebben gedomesticeerd, is al met al tamelijk naïef en getuigt van een grote mate van technologische *hybris*. Misschien moeten we eerder hopen dat de 'biologische machines' *ons* niet gaan domesticeren. Wanneer we het idee van emergentie serieus nemen, dan moeten we niet alleen onder ogen zien dat er vanuit emergente systemen invloed wordt uitgeoefend op de lagere niveaus, maar ook dat deze op hun beurt weer worden gecontroleerd door emergente, nog weer complexere systemen.

Wellicht is het ware gevaar voor de mens daarom niet zozeer dat we door ons verleden en van onderaf – door elementaire deeltjes of genen – worden gedetermineerd, maar dat ons een toekomst wacht waarin we van bovenaf worden gecontroleerd door hogere, emergente intelligenties. Daarbij moeten we niet alleen denken aan de eerder besproken transhumane *zwermgeest*, maar ook aan posthumane intelligenties. Hoog tijd dat we eens wat nader gaan kennismaken met de robot.

Robotica: het *zombie*-scenario

Bij het scheppen van zijn evolutionaire opvolgers staan de mens verschillende wegen open. De neurotechnologische en biotechnologische scenario's die in de vorige twee hoofdstukken zijn besproken, sluiten aan bij de lange geschiedenis van het experimenteren met het zelf waarin het menselijk bouwplan keer op keer aan een meer of minder grondige 'verbouwing' werd onderworpen. Het *zombie*-scenario dat in dit hoofdstuk wordt geëxploreerd, is in een bepaald opzicht nog ambitieuzer en behelst de poging van de mens om zijn evolutionaire opvolger buiten zichzelf – maar mogelijk naar zijn evenbeeld – te scheppen in de vorm van kunstmatige intelligentie of robots.

In onze wereld van versmeltende technologieën zijn de verschillende wegen overigens niet strikt te scheiden. Zo kan dezelfde robot afhankelijk van de gebruikte programmatuur en interface niet alleen fungeren als een extensie van het menselijke lichaam, zoals in het geval van een bionische robotarm, maar ook als een autonome machine die informatie uit zijn omgeving kan verwerken, zich daarin zonder voortdurende menselijke interventie kan bewegen en de geprogrammeerde taken zelfstandig kan uitvoeren. Dergelijke autonome robots roepen een aantal speculatief-antropologische vragen op. Is het mogelijk dat robots dezelfde vermogens ontwikkelen als de mens? Hoe zouden wij ons tot dergelijke wezens moeten verhouden? Is er een toekomst denkbaar waarin de mens is verdwenen en de fakkel van de evolutie is overgenomen door superieure robots?

Robots in soorten en maten

Tot voor kort troffen we robots, behalve in sciencefictionromans en -films, vooral aan in de fabriek. De industriële robot is daar niet meer weg te denken. Robots zijn er echter in vele soorten en maten. Kijken we naar de mate van autonomie, dan bevinden robots zich steeds ergens in een continuüm tussen twee uitersten. Aan de ene kant staan robots die in het geheel niet autonoom zijn en waarvan het gedrag volledig wordt aangestuurd door de gebruiker (zoals bijvoorbeeld een op afstand bediende telerobot), en aan de andere kant staan volstrekt autonome robots die zichzelf niet alleen kunnen handhaven in wisselende omstandigheden, maar zich ook kunnen reproduceren en ontwikkelen. Dit laatste type robot treffen we vooralsnog alleen aan in sciencefiction.

Vanuit een ontologisch gezichtspunt bekeken, variëren robots van tastbare en onveranderlijke objecten, zoals de Man van Staal uit het klassieke stripverhaal, tot virtuele en flexibele wezens, zoals softbots en avatars die zich aanpassen aan de identiteit van hun omgeving of gebruiker. Bijzonder flexibel zijn ook de zwermrobots die zijn ontworpen op het Massachusetts Institute of Technology, kleine kubussen die dankzij een ingebouwd vliegwiel kunnen bewegen en zichzelf volgens de eerder besproken database-ontologie in allerlei verschillende robots kunnen assembleren (Hardesty 2013).

Als we kijken naar de omvang, dan zien we dat robots kunnen variëren van microscopisch kleine nanobots, die zich een weg banen door onze aderen, tot intelligente gebouwen en publieke ruimten (*ambient intelligent environments*), die ons als een interactieve huid omgeven. Wat hun uiterlijke verschijningsvorm betreft, kunnen we onderscheiden tussen androïde robots, die qua uiterlijk en gedrag sterk op mensen lijken, en niet-androïde robots zoals bijvoorbeeld fabrieksrobots en robotstofzuigers. Waar in de westerse wereld een zeker taboe lijkt te liggen op androïde robots – wellicht onder invloed van het christendom: 'Gij zult niet voor God spelen en al helemaal geen mensen scheppen' – is de robotica in landen als Japan er vaak op gericht robots er zo menselijk mogelijk te laten uitzien.

Wat onze relatie tot robots betreft kunnen we, ten slotte, nog een onderscheid maken tussen een *inlijvingsrelatie* waarbij de robot deel van ons lichaamsschema wordt (bijvoorbeeld een aan ons lichaam gekoppelde robotarm), een *versmeltingsrelatie* waarbij de robot deel wordt van ons lichaam (zoals in het geval van een pacemaker), een *hermeneutische relatie* waarbij we door de robot heen de werkelijkheid waarnemen en daarmee interacteren (de telerobot is daarvan opnieuw het paradigmatische voorbeeld), een *achtergrondsrelatie* waarbij de robot onze ervaringsomgeving reguleert (het intelligente gebouw behoort tot deze categorie) en ten slotte, in het geval van autonome robots, een *alteriteitsrelatie* waarbij de robot tegenover ons staat als een artificiële actor waarmee we zelf in interactie treden (Verbeek 2011, 40-5).

Telerobots. *Robots zijn niet alleen op zichzelf genomen interessante studieobjecten, zij hebben ook een impact op de menselijke levensvorm. Zo brengt het gebruik van telerobots opmerkelijke veranderingen teweeg in wat we met Plessner hebben aangeduid als menselijke positionaliteit. Wanneer een brandweerman een van camera's en microfoons voorziene telerobot een brandend huis in manoeuvreert om te kijken of zich daar nog mensen bevinden, dan vindt er een verdubbeling plaats van zijn centrische positie. Het centrum van ervaring lijkt zich dan verplaatst te hebben naar een positie achter de 'ogen' van het robotlichaam, terwijl met betrekking tot spierspanning, evenwichtsgevoel, tastzin en reuk het eigen lichaam centrum van ervaring blijft.*

Bestuurders van drones, die bijvoorbeeld vanuit hun kantoor in de VS een terrorist in Afghanistan moeten doden, ondergaan een vergelijkbare ambigue ervaring. Ze zijn enerzijds gelijktijdig op twee verschillende plaatsen aanwezig, maar anderzijds ook op geen van deze beide plaatsen. In die zin wordt zowel onze centrische als onze excentrische positie gedistribueerd. We zouden hier kunnen spreken van een poly(ex)centrische positionaliteit (De Mul 2010, 231-6).

Werktuigen, machines en automaten

Wanneer we vanuit antropologisch perspectief onze verhouding tot de robot willen onderzoeken, dan vormt de co-evolutie van mens en techniek een goed uitgangspunt. Globaal kunnen we met betrekking tot de techniek drie stadia onderscheiden, respectievelijk die van het werktuig, de machine en de automaat. Een technisch artefact kan worden gedefinieerd als een combinatie van natuurkrachten op basis van een ontwerp. Waar in het geval van de werktuigtechniek – de hamer kan hier als voorbeeld dienen – het ontwerp van de te verrichten handelingen slechts impliciet in de arbeid verscholen ligt, daar wordt in het geval van de machinetechniek – denk bijvoorbeeld aan de verbrandingsmotor – de combinatie van natuurkrachten in de vorm van een zelfstandig functionerend mechanisme gerealiseerd. De machine, zo drukt Maarten Coolen het uit in zijn boek *De machine voorbij*, is een fysische representatie van haar ontwerp

(Coolen 1992, 34). Dat betekent dat de machine informatie met betrekking tot de gewenste combinatie van natuurkrachten 'belichaamt'. Het is dus niet zo dat de machine deze informatie zelf verwerkt. De machine is niets minder, maar beslist ook niets meer, dan een materiële realisatie van deze informatie.

Dit verandert echter in het derde en (voorlopig) laatste stadium in de ontwikkeling van de techniek, dat van de automaat. Daarin doet de machine zelf iets met de informatie. Neem bijvoorbeeld een industriële robot. Waar de klassieke machine een fysische representatie is van één bepaald programma, daar is een dergelijke robot 'een mechanisme dat de fysische representatie van elk ingevoerd programma realiseert als een van zijn mogelijke werkwijzen. Daardoor krijgt de mathematisch-logische structuur van het programma een fysische uitwerking' (Coolen 1992, 39, 38). De informatie met betrekking tot de gewenste combinatie van natuurkrachten wordt in het geval van de automaat geëxpliciteerd in een computerprogramma. Omdat deze explicatie een mathematisch karakter heeft en dus zelf als een mathematisch object is op te vatten, is zij in de vorm van een eenduidig teken te representeren. Om die reden kan een automaat opgevat worden als een *werkend teken* (Coolen 1992, 39). Robots en andere automaten kunnen met behulp van de natuurkunde worden begrepen, aangezien zich daarin fysische processen afspelen, maar zoals we bij de bespreking van het functionalisme hebben gezien (zie blz. 159 e.v.), vallen ze daar niet geheel mee samen. Om ze te kunnen begrijpen, dienen we ze ook vanuit het perspectief van de informatie te bezien.

Onderscheidend in Coolens benadering is dat hij de mens niet, zoals dat in de cognitieve wetenschap veelal gebeurt, vanuit de computer begrijpt, maar omgekeerd de computer vanuit de mens. In de antropologische benadering van de techniek zijn de achtereenvolgende stadia van de techniek op te vatten als uitwendige objectiveringen van achtereenvolgende stadia van het zelfbegrip van de mens (Coolen 1992, 250-271). De techniek van het werktuig is afgestemd op een omgang met een onmiddellijk gegeven leefwereld. Hoewel de werktuigtechniek gebaseerd is op natuurlijke wetmatigheden, is de impliciete kennis daarvan nog niet gereflecteerd. In de machinetechniek worden de benodigde technische handelingen expliciet onderdeel van het ontwerp. Er is hier sprake van een objectivering van een door het verstand voltrokken (zelf)reflectie in een uitwendig verband. In de automaat, ten slotte, krijgt het technische idee als zodanig een veruitwendiging in het computerprogramma. We zouden het ook zo kunnen uitdrukken: pas wanneer de excentrische mens zichzelf begrijpt als een wezen dat informatie verwerkt, is hij in staat dit inzicht te objectiveren – en als zodanig te expliciteren – in een robot of andere automaat. Daarmee maken we ook de weg vrij om een expliciet begrip te ontwikkelen van wat informatie *is* en de vraag te beantwoorden waarin mens en robot zich als informatieverwerkende wezens van elkaar onderscheiden.

Informatie

Over het begrip 'informatie' heb ik in het voorafgaande opgemerkt dat het in veel wetenschappen een kernbegrip is geworden. Dat geldt niet alleen voor disciplines die met de computer tot ontwikkeling zijn gekomen, zoals cybernetica en informatica. In de voorafgaande hoofdstukken werd duidelijk dat dit ook geldt voor de fysica, de levenswetenschappen en de neurowetenschappen. Materie, leven en bewustzijn worden tegenwoordig beschouwd als informatieverwerkende systemen. In de fysica is 'informatie' met name door de statistische benadering in de thermodynamica en de kwantummechanica tot een focaal begrip geworden. Met de ontdekking van de in het DNA besloten genetische 'code' is ook in de genetica het begrip informatie centraal komen te staan. En in de cognitieve (neuro)wetenschappen cirkelt de analyse van de menselijke geest, die voorheen plaatsvond in geesteswetenschappen als de psychologie, de linguïstiek en de filosofie, inmiddels eveneens rond de begrippen 'informatie' en 'informatieverwerking'.

Informatie blijkt dus een basiseigenschap te zijn van het universum, naast materie en energie, en met beide onderling converteerbaar (zie ook Devlin 1991, 2). Daarmee is natuurlijk nog niet gezegd wat informatie nu eigenlijk *is*. Dat hangt enerzijds samen met het feit dat informatie wordt gebruikt om nogal uiteenlopende zaken aan te duiden. Het is niet onmiddellijk inzichtelijk wat de thermostaat van de centrale verwarming, de reproductie van DNA-moleculen in een cel en een uitwisseling van tweets nu precies gemeenschappelijk hebben. Met betrekking tot het fenomeen 'informatie' bevinden we ons in een situatie die vergelijkbaar is met die van zeventiende-eeuwse natuurwetenschappers ten opzichte van het verschijnsel energie. We beseffen dat we hier van doen hebben met een belangrijk fenomeen dat vele verschijningsvormen kent, maar we weten nog niet precies hoe we erover moeten spreken.

Omdat de automaat, zoals hierboven uiteengezet, opgevat kan worden als een werkend *teken*, kan de semiotiek ofwel tekenleer ons hier van dienst zijn (zie ook De Mul 2010, 139 e.v.). Vanuit een semiotisch perspectief kan informatie worden gedefinieerd als een geordende reeks signalen of tekens (*syntaxis*), die worden overgedragen van het ene fysische systeem naar het andere, die het gedrag van het ontvangende systeem kunnen beïnvloeden (*pragmatiek*) en/of daar een specifieke betekenis voor hebben (*semantiek*). Dat laat zich met een simpel voorbeeld illustreren. Wanneer we in de krant het weerbericht lezen, dan doen we dit in de hoop dat het ons informeert over het weer. Die informatie is vervat in een geordende reeks letters (syntaxis), en als de lezer de betekenis daarvan kent en leert dat het die middag waarschijnlijk gaat regenen (semantiek) zal hij bijvoorbeeld besluiten een paraplu mee te nemen (pragmatiek). Wat we hier zien is dat in dit informatiebegrip *materie* (de fysieke elementen waaruit de 'boodschap' is opgebouwd), *leven* (het interacterende systeem) en *bewustzijn* (van dat systeem) samenkomen.

Het 'en/of' in de gegeven definitie is cruciaal. Het maakt de definitie gelaagd, zodat deze niet alleen van toepassing is op mensen, maar ook op communicatie bij dieren en op de werking van levenloze apparaten als thermostaten, computers en robots. Volgens de gegeven definitie verwerkt zelfs een simpele thermostaat informatie. Weliswaar kent de thermostaat, anders dan de mens, geen betekenis toe aan de signalen die hij ontvangt (het is dus geen *semantisch systeem*), maar hij reageert er wel op, door al naar gelang de aard van het signaal de verwarming aan of uit te zetten. Het is met andere woorden een *pragmatisch systeem*.

Wanneer er daarbij nog geen bewustzijn in het spel is, is het overigens beter van 'signaalverwerking' te spreken dan van 'informatieverwerking'. Dat geldt ook voor de huidige computer. Hoewel ik de computer in navolging van het gangbare taalgebruik in het voorafgaande heb aangeduid als een informatieverwerkende machine, doet zo'n computer strikt genomen niets anders dan op mechanische wijze elektronische signalen herschikken volgens louter syntactische regels. Slechts in combinatie met een gebruiker die deze op het beeldscherm gerepresenteerde signalen bewust interpreteert en aan die signalen een betekenis toekent, en daarmee iets doet, wordt de computer een *deel* van een volwaardig informatieverwerkend systeem: de menselijke cognitie.

Tekens van leven. *In de biosemiotiek worden op basis van de onderscheiding tussen syntaxis, pragmatiek en semantiek op analoge wijze drie fundamentele processen in het leven onderscheiden. Leven betreft in wezen drie dingen (Barbieri 2009, 234):*

1) *het maken van objecten*
2) *het assembleren van die objecten in een functionele structuur*
3) *het interpreteren van de wereld*

Op basis daarvan onderscheidt Barbieri respectievelijk manufacturing semiosis, signalling semiosis *en* interpretive semiosis *(ofwel hermeneutiek). Het is van belang deze vormen van semiotiek goed te onderscheiden om 'antropomorfisering' van in de genetica, robotica en neurowetenschappen bestudeerde processen te voorkomen. In de genetica komt dat bijvoorbeeld tot uitdrukking in Dawkins' eerder aangestipte theorie van de 'zelfzuchtige genen'. In de genetica worden vaak begrippen gebruikt als 'genetische informatie', 'code' en 'boodschapper-RNA' (zie Kull e.a. 2009, 169). Deze hebben echter (nog) geen semantische connotatie, maar betreffen, toegepast op moleculair niveau, louter de in de syntaxis vastgelegde volgorde waarin de aminozuren worden samengevoegd tot diverse typen eiwitten en andere biomoleculen. Op het niveau van de levende cel betreden we de dimensie van de pragmatiek, die onder meer tot uitdrukking komt in feedbackprocessen en neerwaartse veroorzaking. Pas op het niveau waar het organisme signalen uit de buitenwereld, binnenwereld en medewereld (on)bewust gaat interpreteren, betreden we het niveau van de semantiek en de hermeneutische interpretatie van de betekenis van levensuitingen.*

Syntactische, pragmatische en semantische automaten
Op basis van de drie onderscheiden dimensies van het verschijnsel informatie kunnen we nu drie verschillende typen *automaten* onder-

scheiden. In de eerste plaats is er de *syntactische automaat*, die in feite niets anders kan dan elektronische signalen (op hardware-niveau) en symbolen (op software-niveau) op een louter mechanische wijze herordenen. De computers die we dagelijks gebruiken (in de vorm van pc's, notebooks, tablets, smartphones) zijn voorbeelden van dergelijke syntactische automaten. Dankzij de ingebouwde of externe randapparatuur, zoals toetsenbord, muis, beeldscherm en printer, kan de gebruiker informatie invoeren en kennis nemen van de uitvoer, maar de syntactische automaat zelf kan niet interacteren met zijn omgeving en heeft daarvan ook geen enkel begrip. Hij heeft met andere woorden pragmatiek noch semantiek.

Het traditionele onderzoek naar kunstmatige intelligentie (*Artificial Intelligence*, hierna AI), zoals dat vanaf het midden van de vorige eeuw tot ontwikkeling kwam, richtte zich vooral op de ontwikkeling van dit type automaten. Het idee was dat je daar alle vormen van intelligentie mee zou kunnen simuleren (*weak* AI) of zelfs scheppen (*strong* AI), en dat dergelijke intelligente computers de mens binnen enkele generaties op alle gebieden zouden overtreffen. Het cognitivistische uitgangspunt daarbij was dat mentale processen bestaan uit het manipuleren van een zich in de geest bevindende representatie van de wereld.

In het vorige hoofdstuk merkte ik op dat dit onderzoeksprogramma die hooggespannen verwachtingen niet heeft kunnen waarmaken. Waar het om activiteiten gaat die volledig berusten op de manipulatie van symbolen, zoals schaken, waren de prestaties weliswaar zonder meer indrukwekkend. Zo versloeg de door IBM ontworpen schaakcomputer *Deep Blue 2* in 1997 in een match van zes partijen wereldkampioen schaken Garri Kasparov. Maar zodra het ging om alledaagse interacties met de wereld, stelde deze *good old-fashioned* AI, ook wanneer deze werd uitgerust met geavanceerde kunstmatige zintuigen en ledematen, nogal teleur. Duidelijk werd dat een voor een mens of dier simpele activiteit als het ontwijken van objecten bij het lopen door de kamer niet is gebaseerd op de manipulatie van een mentale representatie van de kamer.

Het echec van het cognitivistische programma was een van de redenen waarom er alternatieve opvattingen van (kunstmatige) intelligentie opkwamen, die gebaseerd waren op de wijze waarop neurale netwerken in het brein werken (*connectionisme*) of die ervan uitgingen dat intelligent gedrag een heel lichaam vereist (*embodied cognition*). In het onderzoek naar kunstmatige intelligentie verschoof daardoor de aandacht van computers naar robots, en van een *top-down* naar een *bottom-up approach*.

In de eerste plaats ging men zich richten op de rol die het lichaam speelt bij activiteiten als het door de kamer lopen. In plaats van een representatie van de ruimte en symboolmanipulatie, zo leerden de experimenten, volstaan vaak enkele simpele regels als: 'Wanneer je een object nadert, maak dan een hoek van 90 graden naar rechts.' Met behulp van zulke regels maakt de stofzuigerrobot in het huishouden van mijn eigen zoon Joep's nachts de kamer schoon. De stofzuigerrobot leert ook al doende welke route door het huis het meest efficiënt is en gaat zelf naar het laadstation als hij bijna leeg is. Bij laatstgenoemde activiteiten maakt de robot wel gebruik van een representatie van de kamer, maar deze is niet voorgeprogrammeerd; ze is het resultaat van de interactie van de robot met zijn omgeving. Het is eerder een praktisch handelingsschema dan een theoretisch model van de werkelijkheid. Wanneer er een meubelstuk bijkomt, wordt verplaatst of verwijderd, past de robot zijn handelingsschema weer aan.

Met dergelijke robots betreden we het domein van *pragmatische automaten*. Deze kennen ook een syntaxis, maar de kenmerkende regels die daarin zijn vervat zijn gedrags- en feedbackregels, op basis waarvan de robot kan interacteren en communiceren met de omgeving.

Pragmatische automaten kennen ook een zekere *intentionaliteit* ofwel gerichtheid op hun omgeving, die echter geen bewust karakter heeft. In het geval van simpele robots als de stofzuigerrobot valt deze intentionaliteit geheel samen met hun praktische *functionaliteit*. Maar je zou je ook een uiterst complexe androïde robot kunnen voorstellen die de Turingtest voor robots (Turing 1950) zou kunnen doorstaan. Dat wil zeggen dat hij op mensen die ermee interacteren de indruk zou wekken bewust te zijn, terwijl hij in werkelijkheid niets meer zou zijn dan een zombie, een geestloze machine (zie blz. 159).

De laatste categorie automaten die we kunnen onderscheiden zijn *semantische automaten*, dat wil zeggen automaten die zich bewust zijn van hun omgeving en daaraan ook betekenis kunnen toekennen, er een gevoelsrelatie mee kunnen onderhouden, etc. Dergelijke automaten bestaan (nog) niet. Het is niet uitgesloten dat er in de toekomst robots gebouwd zullen worden die dankzij een kunstmatig brein een vorm van bewustzijn en gevoelens hebben en ook een vrije wil ontwikkelen.

Neurowetenschappers als Edelman en zijn team hebben zich de afgelopen jaren toegelegd op het ontwerpen en maken van *brain-based devices*. Het streven is om machines te bouwen die zodanig gedetailleerd de neuro-anatomie en de neurale dynamiek van de hersenen nabootsen, dat zij willekeurige signalen uit de omgeving kunnen ordenen zonder vooraf gegeven categorieën of instructies. Als gevolg daarvan dienen ze, met behulp van slechts een beperkte set van 'aangeboren' gedragsregels en reflexen, autonoom door hun omgeving te kunnen bewegen en hun gedrag te kunnen aanpassen op basis van een bepaald waardesysteem (Fleischer en Edelman 2009; Krichmar en Edelman 2010).

De onderzoekers claimen vanzelfsprekend niet dat de machines die zij tot op heden hebben gemaakt en die ze *Darwin* hebben genoemd, nu al bewustzijn zouden bezitten. Maar het idee is dat dit langs deze weg in principe mogelijk is. Als de architectonische en dynamische complexiteit van een kunstmatig brein die van een levend brein voldoende zou benaderen (of wij daar ooit in zullen slagen weten wij niet), dan ligt het voor de hand te veronderstellen dat daarin eveneens emergente verschijnselen als bewustzijn zouden optreden. Een interessante vraag daarbij is wel hoe wij het verschil zouden kunnen zien tussen een robot met bewustzijn en een geestloze zombie. Een robot die beweert (zelf)bewust te zijn, hoeft dat natuurlijk in werkelijkheid niet te zijn. Je zou je een wereld van robotzombies kunnen voorstellen waarin zij allerlei intelligente handelingen zouden verrichten en op een pragmatische wijze met elkaar zouden interacteren, zonder zich daarvan bewust te zijn, daar gevoelens bij te hebben of daarbij door een vrije wil te worden geleid. Of zijn deze zaken noodzakelijk om op intelligente wijze te kunnen handelen?

Van intelligente emoties en emotionele intelligentie

Hoewel intelligentie soms wordt voorgesteld als één specifieke eigenschap die kwantitatief kan worden uitgedrukt in een getal (bijvoorbeeld het IQ), gaan de meeste psychologen en cognitieve wetenschappers er tegenwoordig meestal van uit dat we te maken hebben met een vermogen dat is samengesteld uit een groot aantal verschillende kwaliteiten. Intelligentie heeft meer weg van een ratatouille dan van een eenheidsworst.

Drie basale kenmerken die doorgaans met intelligentie worden verbonden zijn *doelgericht handelen, rationeel beslissen* en *effectief interacteren*. Deze activiteiten veronderstellen weer tal van afzonderlijke vaardigheden, zoals ruimtelijke oriëntatie en mobiliteit, waarneming van overeenkomsten en verschillen, geheugen en het vermogen te abstraheren, te voorspellen en zelfstandig te leren van ervaringen. Wanneer we ervan uitgaan dat dit geen kwestie van alles of niets is, maar dat er gradaties zijn in intelligent gedrag, dan is ook de stofzuigerrobot op een bescheiden manier intelligent. Hij kan zich ruimtelijk oriënteren, door de kamer bewegen, meubels en afgronden (zoals de trap naar de benedenverdieping) onderscheiden en ontwijken. Hij kan onthouden waar objecten in de kamer staan, gaandeweg leren wat de meest efficiënte route is en erop anticiperen wanneer de stroom op zal zijn en hij terug zal moeten keren naar zijn laadstation. Maar bewustzijn, gevoelens of een vrije wil vertoont hij niet.

Sinds de jaren negentig van de vorige eeuw is er in de neurowetenschappen veel aandacht uitgegaan naar de rol die emoties spelen in intelligent gedrag. Traditioneel worden emoties vaak opgevat als niet-rationele affecten en gevoelens. In de beroemde dialoog *Phaedrus* vergelijkt Plato de rationele ziel met een wagenmenner die twee paarden, die staan voor onze conflicterende morele en zinnelijke passies, in het gareel moet houden. Neurowetenschappers als Damasio en Panksepp betogen echter dat emoties in alle hiervoor genoemde vormen van intelligentie een belangrijke rol spelen: ze staan niet tegenover onze rationaliteit, maar maken daar een onontbeerlijk onderdeel van uit (Damasio 2003, 2010; Panksepp 1998; Panksepp en Biven 2012).

Om in te zien waarom, dienen we een moment stil te staan bij wat een emotie is. We kunnen emoties opvatten als reacties op uitwendige of inwendige prikkels of gebeurtenissen die tot uitdrukking komen in bepaalde fysiologische kenmerken (bijvoorbeeld verhoogde hartslag), gedragspatronen (zoals vluchten) en gevoelens (zoals angst). Daarbij kunnen we twee basisdimensies onderscheiden: de valentie (prettig of onprettig) en de intensiteit van de emotie (die we bijvoorbeeld zien oplopen in de reeks bezorgdheid, vrees en paranoia). Vaak wordt er ook nog onderscheiden tussen *primaire emoties*, die aangeboren zijn en een sterk reflexmatig en soms onbewust karakter hebben en bij ieder mens in iedere cultuur worden aangetroffen (zoals angst, vreugde, verdriet en opwinding), en *secundaire emoties*, die voor een belangrijk deel worden aangeleerd en daardoor cultureel bepaald zijn (hetgeen zich bijvoorbeeld uit in de tegenstelling tussen schaamteculturen en schuldculturen). Ten slotte worden emoties als tijdelijke, door prikkels of gebeurtenissen veroorzaakte *aandoeningen* (zoals verliefdheid) vaak onderscheiden van langdurige affecten (liefde), affectieve disposities (een licht ontvlambaar karakter) en objectloze *affecten* (zoals een verveelde stemming of depressie).

Wat maakt emoties nu zo belangrijk voor intelligent gedrag? Dat is primair gelegen in de (sterk) motiverende werking die van emoties uitgaat (het is niet toevallig dat de woorden 'emotie' en 'motief' beide teruggaan op het Latijnse *movere*, 'bewegen'). Emoties brengen ons ertoe interacties aan te gaan met onze omgeving, daarbij doelen te formuleren en na te streven en beslissingen te nemen. Wie geen emoties ervaart, zoals in geval van patiënten met een ernstige verstoring van hun emotionele huishouding, is lusteloos en doelloos en blijft vaak steken in eindeloze afwegingen zonder tot een beslissing te komen.

Voor praktische ofwel sociale intelligentie zijn emoties ook nog op een andere manier belangrijk. Niet alleen motiveren ze het sociale verkeer, maar ook moeten wij, om op adequate wijze aan dat verkeer deel te kunnen nemen, beschikken over bepaalde sociale vaardigheden om emoties bij onszelf en anderen te *herkennen* en op een herkenbare wijze *tot uitdrukking te brengen*. Ook moeten we ons kunnen *inleven* in de emoties van anderen (*empathie*). Hiervoor lijkt het hebben van (zelf)bewustzijn een noodzakelijke voorwaarde. In de jaren negentig van de vorige eeuw ontstond een heuse hype rond het begrip 'emotionele intelligentie'. Dat begrip slaat echter niet zozeer op een afzonderlijk vermogen, maar veeleer op een specifieke dimensie van intelligentie die in ieder domein van het menselijk handelen een grotere of kleinere rol speelt.

Affectieve robots

Wanneer robots worden ingezet in publieke en private ruimtes (op straat, op verkeersknooppunten en festivalterreinen, in voetbalstadions, bioscopen, winkelcentra, kantoren en huishoudens) ten behoeve van uiteenlopende sociale activiteiten (zoals informatievergaring en -voorziening, dienstverlening, toezicht, bewaking, bescherming, reddingsacties, *crowd control* en arrestatie), dan treden we in wat ik hierboven heb aangeduid als *alteriteitsrelatie* tot de robot. De robot wordt daarbij een *sociale actor*.

Ook bij sociale interactie tussen mensen en robots spelen emoties een belangrijke rol. Wat de menselijke actor betreft gaat het daarbij om zaken als acceptatie, inlevingsvermogen, plezier, vertrouwen, onwennigheid, frustratie, angst voor disfunctioneren en vrees voor een mogelijke inbreuk op emotionele privacy. Bij het ontwerpen en implementeren van 'sociale robots' dient de inspanning gericht te zijn op het implementeren van de emotionele vaardigheden die vereist zijn voor efficiënte sociale interactie. Daartoe zijn in de afgelopen decennia een aantal disciplines tot ontwikkeling gekomen, zoals *sociale robotica* en *affective computing* (Picard 1997).

Een van de uitgangspunten van deze disciplines is dat robots, willen zij op adequate wijze aan het sociale verkeer kunnen deelnemen, ten minste een zekere vorm van *affectieve intelligentie* dienen te bezitten. Daarbij kunnen globaal drie taken worden onderscheiden. In de eerste plaats is het van belang dat robots emoties bij de menselijke actoren kunnen *herkennen*. Dat is mogelijk door de robot de fysiologische en gedragsmatige veranderingen (gelaatsuitdrukking, lichaamshouding en -beweging) te laten registreren waarin emoties tot uitdrukking komen.

In de tweede plaats dient de robot emoties te kunnen *uitdrukken*. Dat kan eveneens door gelaatsuitdrukking, lichaamshouding en -beweging. Een klassiek voorbeeld van een robot die dit kan is de *sociable humanoid robot* Kismet, die eind jaren negentig van de vorige eeuw werd gebouwd door Cynthia Breazeal op het Massachusetts Institute of Technology. Kismet kan een zestal 'basisemoties' – woede, walging, angst, blijdschap, verdriet en verrassing – tot uitdrukking brengen. Daarnaast beschikt hij over een drietal zogenaamde *arousal-based responses*, te weten kalmte, nieuwsgierigheid en verveling.

Kismet.

In de derde plaats zou een robot, om eenzelfde soort en mate van intelligentie als de mens tentoon te kunnen spreiden, ook emoties moeten kunnen *ervaren*. Ook Edelman, merkte ik hierboven op, spreekt in verband met zijn *brain-based devices* over de noodzaak van een 'waardesysteem' dat de robot tot handelingen aanzet en voorkomt dat hij, net als de hiervoor genoemde menselijke patiënten, vervalt in doelloze herhaling of lethargie.

Waar robots tegenwoordig al menselijke emoties kunnen herkennen en uitdrukken, zij het nog op een tamelijk elementaire wijze, is er van het *hebben van emoties* bij de huidige robots geen sprake. Een interessante filosofische vraag is of robots zoals we die nu kennen (d.w.z. pragmatische automaten die gebouwd zijn op basis van de klassieke mechanica en de seriële Von Neumann-computer) ooit emoties zouden kunnen ontwikkelen, bijvoorbeeld wanneer hun programmatuur een bepaalde mate van complexiteit zou bereiken. Die kans lijkt niet zo heel groot. Waarschijnlijk vereist dat een heel andere belichaming die beter in staat is de complexe wisselwerking tussen het brein, de overige lichaamsdelen en de omgeving na te bootsen en die gepaard gaat met een zekere mate van (zelf)bewustzijn, zodat de robot die motiverende emoties vanuit een eerstepersoonsperspectief kan ervaren.

Voor het functioneren van robots en mens-robotinteracties is het antwoord op de vraag of robots werkelijk emoties kunnen ervaren, in veel gevallen niet relevant. In de eerste plaats omdat robots emoties op succesvolle wijze kunnen *simuleren*. Vergelijk dat met een schaakcomputer, die niet echt kan denken, maar toch uitstekend kan schaken. Dergelijke simulaties zijn niet *real in fact*, maar *real in effect* (Heim 1993, 108). Bij de stofzuigerrobot die bij het naderen van een afgrond (de trap naar beneden) rechtsomkeer maakt, is het met het oog op het in de robot geprogrammeerde doel ('vermijden dat hij te pletter valt') irrelevant of dit 'vluchtgedrag' wel of niet gepaard gaat met subjectieve angstgevoelens in de robot.

In de tweede plaats is de vraag of robots echte emoties hebben, ook grotendeels irrelevant vanuit het perspectief van de mens die met de robot omgaat. Mensen hebben het vermogen én de neiging om intenties en emoties toe te schrijven aan alle entiteiten waarmee ze *interacteren*. Mensen zijn sociale wezens en hebben in de loop van hun cognitieve ontwikkeling geleerd open te staan voor tekens in het gedrag van anderen die wijzen op sociale interactie (Reeves en Nass 1996, 26-7). Die houding nemen we niet alleen (onbewust) aan ten aanzien van medemensen, maar ook ten aanzien van dieren (denk aan de hondenbezitter die zijn zielenroerselen toevertrouwt aan zijn hond), en zelfs ten aanzien van levenloze artefacten. We zien dat bijvoorbeeld bij kinderen die met een pop spelen.

We worden het sterkst aangezet tot sociaal gedrag door artefacten die met ons interacteren. Daarvoor hoeft een artefact er niet eens antropomorf uit te zien. De eerdergenoemde Kismet maakt niet direct een menselijke indruk, maar zijn emoties zijn tamelijk eenvoudig te herkennen. Maar zelfs wanneer iedere overeenkomst afwezig is, zoals in het geval van de in 1996 geïntroduceerde Tamagotchi (een virtueel 'huisdier' in de vorm van een weinig aaibaar plastic apparaatje dat nog het meest weg heeft van een kookwekker), ontstaat als vanzelf een emotionele band. Dat komt doordat de eigenaar op regelmatige piepjes moet reageren met uiteenlopend zorggedrag (voeden, laten slapen, ermee spelen) en zich daarmee verantwoordelijk maakt voor de opvoeding en het karakter van het virtuele huisdier. Bij androïde robots is dit effect nog veel sterker. In al deze gevallen hebben we een sterke neiging intenties en gevoelens aan het artefact toe te schrijven, net zoals we dat bij mensen doen.

Om in te zien hoe dat werkt, dienen we het eerder behandelde onderscheid tussen eerste-, tweede- en derde-persoonsperspectief in herinnering te roepen. In het sociale verkeer spelen alle drie de perspectieven een belangrijke rol. Tot onze eigen binnenwereld hebben wij in de eerste plaats toegang vanuit een eerste-persoonsperspectief, hoewel we om tot zelfbegrip te komen vaak de omweg van de levensuitingen nemen, waarin we onze vluchtige en vaak diffuse gedachten, verlangens en gevoelens articuleren. Die levensuitingen – variërend van lichaamshouding en gelaatsuitdrukking tot muziek, dans en expliciete levensverhalen – zijn toegankelijk voor ons en andere personen via een (meer afstandelijk) derde-persoonsperspectief. Door het verbinden van de binnenwereld en die uitdrukkingen in de buitenwereld kunnen we de genoemde levensuitingen verstaan en zo tot een beter begrip van de ander of onszelf komen. De uitdrukking en het (zelf)verstaan zijn beide productief, aangezien ze betekenissen articuleren die vanuit het eerste-persoonsperspectief vaak nogal diffuus zijn.

Tot de binnenwereld van andere personen hebben we geen directe toegang, maar zijn we aangewezen op hun levensuitingen, zoals lichaamstaal, gesproken en geschreven taal en kunst. Volgens de filosoof Dilthey, een van de grondleggers van de moderne hermeneutiek, maken we daarbij vaak gebruik van een analogieredenering. Wanneer iemand vertelt over het verdriet dat hij heeft vanwege de dood van een geliefde, of wanneer we in de krant een foto zien van een ouder die huilend een door een bombardement omgekomen kind in de armen houdt, dan verbinden we die derde-persoonservaringen met onze eerste-persoonservaring van verdriet. Daardoor zijn we in staat ons in te leven in de ervaring van de ander. Dilthey spreekt van *hineinversetzen* en *nacherleben* (Dilthey 1914-2005; zie ook De Mul 2004, 225-56).

In het geval van elementaire handelingen, zoals het beetpakken van een kopje of het in de muur slaan van een spijker, is er volgens Dilthey niet zozeer sprake van een inleving op basis van een zich verplaatsen in het innerlijk van de ander, maar ligt de betekenis in de intentionaliteit van de handeling zelf besloten. Dat geldt ook voor veel interactieve handelingen. Wanneer we bijvoorbeeld met iemand tennissen, dan zijn we niet primair gericht op het innerlijk van de ander, maar op het heen-en-weer gaan van de bal tussen onze tegenstander en onszelf en onze pogingen de bal naar een hoek te manoeuvreren waar hij of zij niet bij kan. Ook in een gesprek met een andere persoon speelt dit tweede-persoonsperspectief een belangrijke rol. In het dialogische vragen en antwoorden worden we net als in het spel opgenomen in een dynamiek. Het belang van een dergelijk belichaamd tweede-persoonsperspectief wordt ook in neurowetenschap onderkend, vooral na de ontdekking van spiegelneuronen die inzicht bieden in de onderliggende neurale processen van het verstaan van anderen (Schilbach 2010; voor de spiegelneuronen, zie blz. 175).

> **Neurohermeneutiek.** *Vitorrio Gallese, een van de ontdekkers van de spiegelneuronen, wees mij in dit verband op de opvallende structurele overeenkomsten tussen de hermeneutische en neurologische bevindingen van het begrijpen van andere mensen en de noodzaak om het neurologisch gezichtspunt aan te vullen met een hermeneutisch complement (persoonlijke mededeling van Gallese naar aanleiding van De Mul 2013). Een dergelijke hermeneutiek zou een waardevolle aanvulling kunnen geven op de door Francisco Varela ontwikkelde neurofenomenologie die zich grotendeels beperkt tot het eerste-persoonsperspectief (Francisco J. Varela 1996; zie ook Thompson 2007).*

Ook als we interacteren met dieren en artefacten nemen we vaak een dergelijk tweede-persoonsperspectief in. Wanneer een hond ons uitdaagt om te spelen door zijn flos voor onze voeten te leggen en vervolgens in een starthouding te gaan staan, dan begrijpen we heel goed wat hij wil. Dan gaat het er niet om dat we ons een voorstelling maken van wat er op dat moment in het innerlijk van de hond omgaat (*What is it like to be a dog?*), maar moeten we anticiperen op de volgende doelgerichte beweging van de hond. Op eenzelfde manier kunnen we het intentionele gedrag van een robot begrijpen. Zeker in het geval van androïde robots zullen we daarbij de neiging hebben om ook subjectieve intenties vanuit een eerste-persoonsperspectief aan de robot toe te schrijven – of hij die nu heeft of niet. Het is vergelijkbaar met een optische illusie. Een in het water staande stok die er gebroken uitziet vanwege de breking van het licht door het wateroppervlak, ziet er nog steeds gebroken uit nadat we hebben vastgesteld dat hij recht is. Dit zal nog leiden tot de nodige verwarring in onze omgang met robotzombies.

Real Humans

Schoorvoetend maakt de androïde robot zijn entree in de publieke en private ruimte, waar hij als actor gaat deelnemen aan het menselijk verkeer. Vooralsnog gebeurt dat vooral in landen als Japan, waar robots onder meer worden ingezet voor zorgfuncties, als gidsen op drukke plaatsen zoals trein- en metrostations en in de wereld van het entertainment. Op bladzijde 24 maakten we al kort kennis met de androïde robot Miim, die onder meer met een 'meidengroep' zingt en danst op expo's en als mannequin bruidskleding showt (wie op YouTube 'Miim' intypt, kan haar diverse verrichtingen gadeslaan).

Ook in Nederland wordt veel nagedacht over allerlei nuttige toepassingen van robots. Daarbij gaat het natuurlijk ook over de gevaren en de vele maatschappelijke en ethische vraagstukken die ermee zijn verbonden (De Jong 2011). Omdat we in de westerse wereld nog weinig concrete ervaring hebben opgedaan met sociale en affectieve robots, moeten we ons behelpen met sciencefiction als we willen nadenken over de speculatief-antropologische implicaties van de introductie van robots in de menselijke samenleving.

Een recent en geslaagd voorbeeld van sciencefiction die aanzet tot een dergelijke reflectie is de Zweedse televisieserie *Real Humans*, waarvan het tweede seizoen in 2013-2014 op de Zweedse televisie was te zien (Nederland heeft in 2013 kunnen kennismaken met het eerste

Japanse androïde robot Actroid-F en haar 'voorbeeld'.

seizoen). De serie handelt over een wereld die in veel opzichten op het Zweden van nu lijkt, maar die op één opmerkelijk punt daarvan verschilt: behalve door mensen wordt deze wereld ook bewoond door androïde robots, in de serie *hubots* genaamd. Die hubots lijken op echte mensen, maar het zijn geestloze robots die zijn te herkennen aan hun felle blauwe ogen en stereotiep gedrag. Ze vervullen allerlei functies: ze werken als fabrieksarbeiders, als hulp in de huishouding, als gezelschapsdame of -heer voor ouderen, maar ze blijken ook heel populair te zijn als sekspartner. Ze brengen behalve verlichting en plezier ook de nodige problemen met zich mee.

Real Humans kent verschillende verhaallijnen die niet alleen inzoomen op de alledaagse besognes die voortvloeien uit de omgang met androïde robots, maar ook allerlei grote maatschappelijke en morele thema's rondom androïde robots aan de orde stellen. Twee verhaallijnen spinnen twee seizoenen lang de rode draad van de serie. (Wie niet van *spoilers* houdt, kan nu beter eerst de serie gaan bekijken alvorens verder te lezen.)

De ene verhaallijn focust op de ervaringen van de familie Engman – een welvarend gezin bestaande uit de succesvolle advocate Inger, haar echtgenoot Hans en hun drie kinderen Matilda, Tobias en Sofia, en grootvader Lennart Sollberg – met de wondere wereld van de androïde hubots. Deze verhaallijn vangt aan met het stukgaan van Odi, de gezelschapshubot van Ingers vader Lennart. Lennart is daar erg verdrietig over, aangezien hij een warme band heeft met de altijd goedgehumeurde Odi die hem regelmatig voorziet van zijn lievelingsgerecht lasagne en een goed glas wijn. Zijn verdriet wordt nog groter als zijn dochter en schoonzoon de nieuwe verpleegsterhubot Vera voor hem kopen, die Lennart onmiddellijk op een streng dieet zet en hem alle pleziertjes in het leven ontzegt.

De familie Engman krijgt bij aanschaf van Vera een huishoudrobot cadeau, de Aziatisch ogende Anita (die later een tweede naam blijkt te hebben – 'Mimi' – en klaarblijkelijk is gemodelleerd naar de Japanse Miim). Aanvankelijk vindt Inger het idee van een robot in huis maar niks, wellicht omdat zowel echtgenoot Hans als zoon Tobias niet ongevoelig lijkt te zijn voor Mimi's charmes, maar dan ontwikkelt ze al snel een hechte band met Mimi en raakt ze als advocate zelfs betrokken bij een rechtszaak die een van haar vriendinnen tegen een discotheek aanspant, omdat haar *toybot* Rick daar de toegang is geweigerd.

De tweede verhaallijn draait om een groep hubots waarvan het besturingssysteem door de wetenschapper David Eischer is 'geüpdatet' met een speciale computercode waardoor ze bewustzijn, gevoelens en een vrije wil hebben gekregen. Onder deze 'kinderen van David' blijken zich klonen te bevinden van zijn overleden vrouw Bea, die door een tragisch ongeluk verdronken was, en van zijn zoon Leo, die bij dat ongeluk ernstig gewond raakte, maar met behulp van hubottechnologie werd 'opgelapt'. Door de ingreep is Leo nu getransformeerd tot een cyborg, half mens en half robot. Ook Anita blijkt vroeger een van 'Davids kinderen' te zijn geweest, maar ze viel in handen van een louche robothandelaar die haar 'resette' en als gewone hubot Anita aan een robotwinkel verkocht, voordat ze eigendom werd van de familie Engman.

Terwijl Leo op zoek is naar zijn geliefde Anita/Mimi, beginnen de

Hubot Anita/Mimi van de familie Engman (*Real Humans*).

andere bevrijde hubots onder leiding van de fanatieke en nietsontziende Niska een guerrillastrijd tegen de mensheid die uiteindelijk moet leiden tot de algehele onderwerping van de mensheid. Zij worden daarbij niet alleen tegengewerkt door de speciale hubotpolitie, maar ook door de Äkta Människor (Echte Mensen), een politieke beweging die alle robots uit de Zweedse samenleving wil verbannen en daarbij evenmin terugschrikt voor geweld, onder ander door de moedwillige vernietiging van hubots en bomaanslagen op hubotwinkels.

Real Humans is niet alleen een spannend en soms ook humoristisch verhaal, maar boeit vooral door de maatschappelijke, ethische en speculatief-antropologische vragen die erin worden gesteld. Kunnen robots emoties en een vrije wil hebben? Hoe kom je erachter of dat echte of slechts geprogrammeerde emoties en wilsbesluiten zijn? Is vriendschap met een robot mogelijk? Is het hebben van seks met een robot moreel verwerpelijk? Dienen er rechten te worden toegekend aan robots? Is het mogelijk dat robots ons in de toekomst gaan overvleugelen en mogelijk zelfs vernietigen? Waarin verschillen wij eigenlijk van robots?

Robots dagen ons met andere woorden uit nieuwe antwoorden te formuleren op de drie filosofische kernvragen van Immanuel Kant die ik eerder heb aangehaald aan het begin van dit essay: 'Wat kan ik weten? Wat moet ik doen? Wat mag ik hopen?' En daarmee ook op de onderliggende vraag: 'Wat is de mens?' (Kant 1981, 448).

Als het gaat om onze kennis van robots, dan maakt *Real Humans* duidelijk dat zij vooral cognitieve verwarring veroorzaken. Dat heeft in de eerste plaats te maken met het feit dat er verschillende typen 'robots' in het verhaal voorkomen. Behalve de hubots – 'pragmatische automaten' zonder bewustzijn, gevoelens en vrije wil – zijn er de bevrijde robots die fysiek identiek aan hubots zijn, maar door de bijzondere computercode van David Eischer bovendien de genoemde menselijke eigenschappen lijken te bezitten. Dan zijn er ook nog kloonhubots waarin de narratieve identiteit, de uit berichten, foto's en videoclips bestaande Tijdlijn van overleden mensen is gedownload. In het tweede seizoen zien we dat Lennart en Eischer op die manier na hun dood als klonen voortleven, waarbij Eischers computercode hun ook bewustzijn, gevoelens en vrije wil verschaft. Ten slotte hebben we in het geval van Leo Eischer nog te maken met een cyborg, een hybride mens-machine.

Hoewel *Real Humans* een fictief verhaal is, lijkt deze verwarrende veelheid aan robothybriden in het licht van de versmeltende technologieën een tamelijk realistisch toekomstscenario te schetsen. Weliswaar kan betwijfeld worden of het ooit mogelijk zal zijn pragmatische automaten door middel van een computercode bewustzijn, gevoelens en vrije wil te schenken, maar de vooronderstelling dat het in principe mogelijk is een kunstmatig brein met die eigenschappen te bouwen – waardoor het werk van neurowetenschappers als Edelman wordt voortgedreven – lijkt plausibel te zijn. In een samenleving waarin er naast mensen fundamenteel verschillende robots bestaan, zal het niet eenvoudig zijn te bepalen wanneer we met welk type van doen hebben. Dit type verwarring kan ons in de huidige informatiesamenleving al bevangen, bijvoorbeeld wanneer we bij het bezoek aan de helpdesk van een website een chatbot abusievelijk voor een mens houden.

Ook wanneer we de verwarrende hoeveelheid typen robots even

tussen haakjes plaatsen en ons concentreren op de 'zuivere hubot', blijkt de omgang tussen mensen en robots tot allerlei vormen van conceptuele verwarring te leiden. Laat mij dit illustreren aan de hand van de relatie tussen Lennart en zijn hubot Odi. Odi is wat ik in het voorafgaande heb aangeduid als een pragmatische automaat. Dankzij zijn affectieve programmatuur reageert hij effectief op de wensen en verlangens van zijn eigenaar Lennart. Odi kookt Lennarts lievelingskostje en fungeert als huisknecht en chauffeur. Maar hij is ook een gezelschapsrobot met wie Lennart spelletjes doet en gaat vissen. Het is duidelijk dat Lennart zeer gesteld is op Odi en dat hij hem eerder als een vriend dan als een machine beschouwt.

Kun je hier van 'echte vriendschap' spreken? Als we lezen hoe Aristoteles vriendschap definieert in de *Ethica Nicomachea*, dan lijkt hun omgang in ieder geval te voldoen aan enkele van de criteria die hij noemt (Aristoteles 1984, II, 1825-52). Volgens Aristoteles is vereist dat vrienden veel tijd met elkaar doorbrengen en gemeenschappelijke activiteiten ondernemen. Dat is nu precies wat Lennart en Odi doen. In de tweede plaats wordt vriendschap volgens Aristoteles gekenmerkt door een zekere duurzaamheid. Ook aan die voorwaarde lijkt te worden voldaan.

Met betrekking tot de derde voorwaarde die Aristoteles stelt, dat een vriendschap alleen kan bestaan als deze wederzijds is en daarom niet mogelijk is met een ding, dier of onwillig persoon, is het lastiger een eenduidig antwoord te geven. Het is duidelijk dat er bij de interactie tussen Lennart en Odi twee actoren zijn betrokken. In die zin is er sprake van wederkerigheid. Hoewel Odi zonder meer willig is, kan hij geen persoon worden genoemd. Hij is echter ook geen levenloos ding zoals een pop dat is (hoewel volgens de film *Air Doll* van Hirokazu Kore-Eda zelfs een opblaasbare sekspop opvallend menselijke trekken kan vertonen). Omdat Odi een geestloze robot is, zal hij zelf geen vriendschap voor Lennart voelen.

Voor Aristoteles, die anders dan latere denkers als Kant niet veel aandacht schenkt aan de geestelijke dimensie van vriendschap, lijkt dit laatste geen onoverkomelijk probleem. Voor zover de gevoelens enkel van Lennarts kant komen, lijken ze op de vriendschappelijke gevoelens die muziek- en sportliefhebbers koesteren ten aanzien van hun idolen en overige (onbereikbare) Facebook Friends en die door psychologen wel worden aangeduid als *paravriendschap*.

Als we kijken naar de drie typen vriendschap die Aristoteles onderscheidt, gebaseerd op achtereenvolgens het nuttige, het aangename en het goede, scoort de (para)vriendschap van Lennart voor Odi ook op die meetlat hoog. Aristoteles beschouwt de laatste vorm, die hij ook aanduidt als karaktervriendschap, als de hoogste vorm van vriendschap, omdat daarin de ander wordt gewaardeerd om wat hij is. Dat Odi nuttig is voor Lennart en dat ze samen veel plezier beleven, is duidelijk, maar Lennarts gevoelens voor Odi lijken verder te gaan dan nut en plezier. De omgang met Odi lijkt niet enkel instrumenteel te zijn, maar Lennart waardeert Odi ook om wat (wie?) hij is. Zelfs wanneer hij Odi daarbij zaken toedicht die Odi niet bezit, zijn de daardoor opgeroepen emoties bij Lennart wel degelijk reëel. Of zoals ik het eerder in Heims bewoordingen uitdrukte: ze zijn niet *real in fact*, maar *real in effect*. Dat blijkt ook uit zijn rouwgedrag wanneer Odi stuk gaat.

Dit laatste is niet louter fictie: in Japan zijn de eerste onherstelbaar beschadigde gezelschapsrobots plechtig begraven door hun treurende eigenaren. In een wereld die mede wordt bevolkt door pragmatische robots, lijkt het begrip 'vriendschap' en het taalspel waarin het functioneert aan een revisie toe te zijn (Wittgenstein 1975, 19; vgl. De Mul 2008a, 166 e.v.).

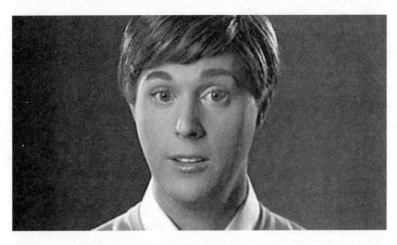

Lennarts hubot Odi (*Real Humans*).

Waarschijnlijk is het die conceptuele incongruentie die maakt dat de vriendschap tussen Lennart en Odi een *unheimlich* gevoel oproept. Dat lijkt niet alleen maar op het conto te schrijven van een christelijke aversie tegen androïde robots. Een van de eersten die deze door robots veroorzaakte *Unheimlichkeit* onder woorden heeft gebracht, is de Japanse robotontwerper Mori Bukimi die in dat verband spreekt van een *uncanny valley* (Mori 1970). Zijn stelling luidt dat robots meer empathische gevoelens oproepen naarmate ze meer op mensen lijken, maar dat die positieve waardering op een bepaald punt omslaat in walging en afkeer.

Bukimi's analyse knoopt aan bij wat Jensch en Freud hebben geschreven over de unheimliche gevoelens die dubbelgangers oproepen. Die gevoelens van afkeer en walging worden wel in verband gebracht met onze angst voor de dood, aangezien genoemde gevoelens het sterkst worden opgeroepen bij het zien van lijken en zombies. Misschien is dat de reden waarom ook het idee van een geestloze wereld van robotzombies vergelijkbare gevoelens van onbehagen oproept. Het doet denken aan Heideggers schrikbeeld van een perfect functionerende wereld van de techniek waarin echter tegelijkertijd totale zijnsvergetelheid heerst.

Wat moet je als mens doen in een wereld vol robots? Je kunt je er uit alle macht tegen verzetten, zoals de beweging van de Echte Mensen, of er juist enthousiast in meegaan, zoals de Hubby's in de serie die hubots uiterst *cool* vinden en zich 'robotachtig' gaan gedragen. Of moeten we op aristotelische wijze proberen een tussenweg te vinden, zoals de meeste karakters in de serie lijken te doen? Hoe moreel verwarrend een en ander is, wordt in *Real Humans* vooral duidelijk als het gaat om liefde en seks tussen mensen en robots. Tobias, de tienerzoon in het gezin Engman, wordt hopeloos verliefd op de aantrekkelijke Anita/Mimi. Nieuwe praktijken creëren nieuwe identiteiten met alle onzekerheden van dien. Tobias worstelt met verwarrende gevoelens over zijn 'roboseksuele' (in de serie aangeduid als transseksuele) geaardheid, vindt bij Anita/Mimi geen gehoor en belandt uiteindelijk bij de psychiater.

Seks met hubots blijkt in het Zweden van *Real Humans*, hoewel niet ongebruikelijk, omgeven te zijn met allerlei taboes. Niet zo gek, wanneer we in de serie zien dat sadisten hun hubots illegaal laten ombouwen tot seksslaven waarop ze hun agressie botvieren. Overigens preluderen ethici in onze huidige wereld al op dit thema. Zo argumenteert Sinziana Gutiu dat interacties van mannen met vrouwelijke seksrobots niet alleen ondermijnend zullen zijn voor de notie van wederzijdse toestemming bij vormen van seks, maar ook voor de intimiteit tussen de seksen. Zij vreest dat seksrobots antisociaal en dehumaniserend gedrag zullen uitlokken (Gutiu 2012). Dat lijkt me een reëel toekomstig vraagstuk, vergelijkbaar met de huidige discussies over de mogelijke effecten van (kinder)porno en gewelddadige computergames op het gedrag.

Maar de seksrobot kan zich, zeker in het feminiene Zweden, natuurlijk ook tegen mannen keren. Een van de verhaallijnen draait om het sleetse huwelijk van Roger en Therese. De onaantrekkelijke Roger – *every inch a loser* – werkt in een fabriek waar hubots inmiddels bijna alle menselijke arbeiders hebben vervangen, omdat ze goedkoper en gehoorzamer zijn en meer werk kunnen verzetten. In de loop van het verhaal verliest hij ook nog eens zijn baan. Hoewel hij de pest heeft aan de hubots – hij raakt betrokken bij een door de Echte Mensen beraamde aanslag op een hubotwinkel – heeft zijn vrouw Therese een hubot gekocht die zich van begripvolle 'gezelschapsheer' ontwikkelt tot ideale minnaar. Zeker wanneer ze haar hubot Rick heeft laten hacken en hij een onvermoeibare seksmachine wordt, raakt ze zo verslingerd aan hem dat ze haar zoon Kevin begint te verwaarlozen en haar man Roger verlaat, nadat deze haar uit pure frustratie heeft geslagen. Wanneer Roger haar verblijfplaats ontdekt en naar haar toe gaat om haar over te halen bij hem terug te komen, wordt hij op zijn beurt door Rick, tegen de wetten van Asimov in, lelijk toegetakeld.

De Robotwetten van Asimov. *Het lijkt niet voor niets dat veel van de beroemde korte verhalen en romans van sciencefiction-auteur Isaac Asimov cirkelen rondom de drie door hem geformuleerde Robotwetten:*

1) *Een robot mag een mens geen letsel toebrengen of door niet te handelen toestaan dat een mens letsel oploopt.*
2) *Een robot moet de bevelen uitvoeren die hem door mensen gegeven worden, behalve als die opdrachten in strijd zijn met de Eerste Wet.*

3) Een robot moet zijn eigen bestaan beschermen, voor zover die bescherming niet in strijd is met de Eerste of Tweede Wet.

In de verhalen van Asimov zijn die drie Wetten ingebouwd in alle robots, maar de plot draait niet zelden om de angst dat ze omzeild kunnen worden en robots zich tegen hun makers kunnen keren (Asimov 1950). En in het licht van de mogelijkheid van het hacken van computers, computervirussen, toevallige computercode-mutaties en emergente, zelforganiserende systemen, lijkt het feit dat die Wetten zijn 'ingebouwd' weinig garanties te bieden tegen robotagressie jegens mensen.

In de serie lijkt het taboe op seks met robots nauw verbonden met de eerdergenoemde angst dat de robots de mens mogelijk zullen overvleugelen en uiteindelijk zijn plaats zullen innemen. Dat komt niet alleen tot uitdrukking op het individuele vlak – Roger verliest zijn vrouw op vernederende wijze aan een hubot – maar vooral ook in het streven van 'de kinderen van David' om alle hubots ter wereld te gaan bevrijden uit hun slavernij en de mensheid te vernietigen. De onbeheersbaarheid van robots vormt een rode draad door alle afleveringen van *Real Humans*. In het tweede seizoen maakt een computervirus het gedrag van de hubots onvoorspelbaar. En zeker wanneer robots een vrije wil en bewustzijn zouden krijgen, zoals in de serie het geval is met 'de kinderen van David', wordt hun gedrag nog moeilijker te beheersen.

Rogers mannelijke angst voor de betere minnaar lijkt zo symbool te staan voor de menselijke angst dat superieure robots het roer van de evolutie van de mens zullen overnemen. Het tweede seizoen van *Real Humans* eindigt met een rechtszaak die handelt over het al dan niet toekennen van rechten aan hubots die met de code van David Eischer zijn bevrijd. In de rechtbank staan Inger en andere – opvallend genoeg voornamelijk vrouwelijke – sympathisanten van bevrijde hubots lijnrecht tegenover de 'Echte Mensen', die zich fel verzetten tegen iedere vorm van hubotrechten. Als Inger aan een van de opgeroepen deskundigen vraagt of hij gelooft dat hubots en mensen ooit vreedzaam zullen kunnen samenleven, zegt deze: 'Dat denk ik niet. Wie wil er nu dag in dag uit met een stelletje idioten werken.' Wanneer Inger tegenwerpt dat je daarmee de bevrijde hubots beledigt, aangezien zij leven en intelligent en vrij zijn, antwoordt de deskundige: 'Ik heb het niet over de robots!'

De veldslag die de gehackte hubot Rick en zijn hubot-guerrillaleger en de Echte Mensen in de laatste aflevering van het tweede seizoen aan het voorbereiden zijn, biedt dan wel uitzicht op een derde seizoen, maar weinig hoop op een 'eeuwige vrede' tussen mensen en robots. Wie zal de slag winnen, de mens of een van de vele typen robots – de hubots, de bevrijde hubots, de kloonbots of de cyborgs? Dat ligt in de toekomst verborgen, zowel in de serie als in de echte wereld.

Het antwoord op de zojuist gestelde vraag zal mede afhangen van datgene wat speculatief-antropologische reflecties over robots ons leren over onszelf. Wat is de mens in het tijdvak van de robot? Androïde robots en andere pragmatische automaten dwingen ons ertoe – nog indringender dan La Mettries *De mens een machine* dat deed aan het begin van het machinale tijdperk – dat we ons opnieuw afvragen waarin wij ons onderscheiden van machines. Robots lijken daarbij een nieuwe krenking toe te voegen aan de drie krenkingen die Freud heeft genoemd (zie blz. 22). Waar Copernicus, Darwin en Freud respectievelijk aantoonden dat de aarde niet het centrum van het heelal is, de mens tot het dierenrijk behoort en bovendien niet eens 'heer in eigen huis' is, daar lijkt de robotica ons in te peperen dat we niet veel meer zijn dan complexe machines of zombies. Het is niet zonder ironie dat in een tijd waarin eliminatieve neurowetenschappers en filosofen als Dennett beweren dat 'mens en robot niet zoveel verschillen' (Van Rootselaar 2014, zie ook blz. 58 e.v.), filosofen en neurowetenschappers als Edelman argumenteren dat kunstmatige breinen en robotbewustzijn mogelijk zijn.

Wat *Real Humans* ons ook inpepert, is dat de menselijke levensvorm een *mixed blessing* is. De bevrijde hubots die graag als mensen willen leven, maken stuk voor stuk kennis met de schaduwzijden van het menselijk bestaan. Wanneer Anita/Mimi tot bewustzijn komt en met Inger spreekt over wat het is om mens te zijn, zegt zij dat ze niet weet wie ze is, wat ze wil zijn en welke van de wegen die haar open staan ze moet inslaan. En wanneer de kinderen van Inger de computercode van Eischer iets te vlot downloaden in de kloonhubot van opa Lennart, en hij zich in plaats van geleidelijk plotsklaps bewust wordt van zijn sterfelijkheid, raakt hij volledig in paniek. En ook de andere bevrijde robots ervaren dat de menselijke levensvorm vanwege de inherente excentrische positionaliteit gepaard gaat met een onvervulbaar verlangen naar een thuis. Een dergelijk thuis – zo leert de derde van Plessners antropologische grondwetten, die van de *utopische positie* – is de constitutief thuisloze mens niet vergund. Dat moet niet alleen Florentine ervaren, de bevrijde hubot die op basis van een romantisch ideaalbeeld van een lang en gelukkig gezinsleven een relatie met een mens aangaat, maar ook Niska en haar mede-guerrillastrijders die vechten voor een mensenloze robotwereld.

Onze excentriciteit, zo lijkt de boodschap van *Real Humans*, is zowel onze zegen als onze vloek. Zij zet ons aan tot de meest indrukwekkende culturele en technologische scheppingen, maar deze kunnen onze thuisloosheid niet wegnemen. In het tijdperk van de robot transformeert de utopische positie van Plessner zich in een tragische positie. De enige manier om te ontsnappen aan zijn ondraaglijke excentriciteit, zou de keuze zijn voor een 'zorgeloos' bestaan als geestloze zombie, zonder bewustzijn, gevoel en vrije wil. Een zichzelf reproducerend kunstmatig leven zonder lijden, maar ook zonder de momenten van verwondering en verrukking die het mensenleven kenmerken (zie ook De Mul 2008c, 291 e.v.). En een 'plessneriaans' boek als *Die Stufen des Robotischen und der Zombie* zal dit leven waarschijnlijk niet voortbrengen.

Het alternatief is erin gelegen de dubieuze 'gift' van onze excentriciteit te accepteren en met de verwondering en verrukking ook het lijden te affirmeren. Omdat wij kunstmatig van nature zijn, zal dat onze experimenteerdrift niet wegnemen. Maar we zullen niet langer experimenteren in de utopische hoop het ultieme geluk te bereiken, maar in het tragische besef – 'voorbij hoop en verwachting', zoals Sophokles het uitdrukt in zijn *Ode aan de mens* – dat deze experimenteerdrift, zolang zij zal bestaan, de horizon van ons verlangen voor zich uit zal schuiven in de eindeloze ruimte en tijd van het heelal.

De eeuwig toekomstige

Alle grote dingen gaan door hun eigen toedoen te gronde, door een daad van zelfopheffing: daartoe dwingt hen de wet van het leven, de wet van de *noodzakelijke* 'zelfoverwinning' is de essentie van het leven.
– Friedrich Nietzsche, *Genealogie der moraal* (1980, 174)

Mark Twain heeft ooit opgemerkt dat voorspellen moeilijk is, vooral als het de toekomst betreft. En dat geldt al helemaal als het gaat om de toekomst van wetenschap en technologie. We kunnen ons simpelweg geen voorstelling maken van ontdekkingen en uitvindingen die nog niet zijn gedaan en die mogelijk de geschiedenis van de mensheid een onverwachte wending zullen geven. Om die reden heb ik in dit essay geen voorspellingen gedaan, maar me beperkt tot het schetsen van een aantal mogelijke scenario's op basis van de recente geschiedenis van de neurowetenschappen, genetica en robotica. Welke van die scenario's of combinaties van scenario's zich in werkelijkheid zullen ontvouwen, blijft een open vraag tot de toekomst heden is geworden.

Natuurlijk kan er wel het nodige worden gezegd over de lange termijn (Christian 2004). In het eerste deel van dit essay hebben we gezien hoe onze zon ongeveer 4,5 miljard jaar geleden is ontstaan en dat ongeveer de helft van haar levenscyclus er inmiddels opzit. Het leven en bewustzijn in deze uithoek van ons universum zullen dus op een bepaald moment hun einde vinden. Maar dat is niet een vooruitzicht waar we zoveel mee kunnen en gezien de tijdsschaal is het ook geen punt van directe zorg. Veel belangrijker voor ons is de vraag hoe een mensenleven er over tien, vijftig of honderd jaar zal uitzien en wat voor leven onze kinderen, kleinkinderen en achterkleinkinderen dan zullen leiden. Daarover laat zich veel minder met zekerheid zeggen. In het licht van de tendensen die we in het voorafgaande in de evolutie van de mens hebben opgemerkt, mag worden verondersteld dat de odyssee die de mensheid tweeënhalf miljoen jaar geleden vanuit Afrika is begonnen, zich zal voortzetten en waarschijnlijk ook de aarde zal verlaten. En ook lijkt het geen al te gewaagde stelling dat de toekomst van de mensheid in het teken zal staan van nieuwe vormen van emergente complexiteit. Maar voordat het zover is, kunnen we over de aard en snelheid van de ontwikkelingen slechts speculeren.

Wie van dergelijke speculaties houdt, kan terecht bij avontuurlijke denkers als Hans Moravec en Ray Kurzweil. Zo droomt Moravec in zijn boek *Mind Children* van het downloaden van de geest in het superieure omhulsel van een robot, het begin van een lange reeks upgrades die de mens zullen omvormen tot een met talloze nieuwe zintuigen en geestelijke vaardigheden uitgeruste supermens. Heel realistisch is dat syntactische scenario niet, maar antropocentrisme kan Moravec niet worden verweten, want hij voorziet dat de mens tal van eigenschappen van andere dieren aan zijn bouwplan zal toevoegen. Waarom zouden we onszelf echolocatie, zoals de vleermuis die kent, ontzeggen? Of de intelligentie van de dolfijn? En dit zijn allemaal nog maar kleine stapjes op weg naar een universele levensvorm:

> Onze speculaties eindigen in een supercivilisatie, de synthese van al het leven in ons sterrenstelsel dat zich, gevoed door de zon, voortdurend verbetert en uitbreidt en steeds meer niet-leven omzet in geest. Misschien expanderen elders in het heelal soortgelijke bellen. Wat gebeurt er als we die ontmoeten? Wellicht een fusie, die slechts een vertaalschema tussen beide geheugenrepresentaties zou vereisen. Een dergelijk proces, dat misschien nu wel reeds ergens aan de gang is, zou het gehele universum omvormen tot één grote denkende entiteit, een voorproefje van nog grotere dingen.
> (Moravec 1988,116)

Wie hoopt dat het nog wel even zal duren voor het zover is, kan beter niet het boek *The Singularity Is Near* van Ray Kurzweil openslaan (Kurzweil 2005). In dat boek stelt Kurzweil dat dankzij de exponentiële ontwikkelingen in de informatietechnologie, genetica, nanotechnologie en kunstmatige intelligentie de mensheid reeds in 2045 zal zijn opgegaan in één globale intelligentie, die vanaf dat moment in korte tijd met een snelheid groter dan het licht het hele universum zal doordringen. Hij duidt die eindtoestand van het universum aan als de Singulariteit, waarin alle intelligentie van het universum zal zijn samengebald in een oneindig klein punt.

We kwamen het begrip 'singulariteit' al eerder tegen in de bespreking van de *Big Bang*, en daarbij refereerde ik al aan speculaties over een komende *Big Crunch*. Maar ik merkte daarbij ook op dat oneindige grootheden in de natuur niet bestaan, maar slechts functioneren als een benadering. Hoewel Kurzweil dat schoorvoetend erkent, stelt hij dat de situatie in 2045 door de exponentiële groei zich in ieder geval als oneindig aan ons zal voordoen. Een cruciale rol in Kurzweils redenering wordt gevormd door de 'wet van Moore', die stelt dat de rekenkracht van computers iedere 18 maanden verdubbelt. De afgelopen 45 jaar is dat inderdaad het geval geweest, maar Kurzweil lijkt in zijn enthousiasme te vergeten dat exponentiële ontwikkelingen vroeg of laat vastlopen op een gebrek aan natuurlijke bronnen. En het voorbijgaan aan de snelheid van het licht is ook een aanname die eerder past in een spannend sciencefictionverhaal dan in een serieuze natuurwetenschappelijke theorie (Davies 2006).

De toekomstvoorstelling van denkers als Moravec en Kurzweil, hoe vermakelijk ook, moeten we daarom met een flinke schep zout nemen, zeker als het gaat om het tijdstip waarop de Singulariteit zal plaatsvinden. En hetzelfde geldt voor hun ongebreidelde enthousiasme over het geluk dat ons daar te wachten zou staan. We kunnen ons absoluut niet voorstellen 'how it is like to be a singularity', en al helemaal niet of het nu zo geweldig is om er eentje te zijn. Het lijkt mij tamelijk benauwd voor belichaamde wezens als wij, zo'n nuldimensionale verblijfplaats. Mensen zijn notoir slecht in het inschatten van de effecten van veranderingen in hun leven op toekomstig geluk (Gilbert 2006). Moravec en Kurzweil lijken te vergeten dat zij bezig zijn een feestje voor te bereiden waar zij – individuen van de soort *Homo sapiens 2.0* – zelf niet op de gastenlijst zullen staan. Of zou de zorg voor onze *mind children* zich zo ver uitstrekken dat we na het egocentrisme ook het antropocentrisme moeten opgeven? Hebben wij verplichtingen jegens de *Robo superior*?

Met deze bedenkingen is niet gezegd dat we boeken als die van Moravec en Kurzweil terzijde zouden moeten schuiven. Ze doordringen ons er in ieder geval van dat de versmeltende technologieën het vermogen hebben om ons leven de komende decennia in veel opzichten drastisch te veranderen. En dat die technologieën ons daarbij voortdurend en onophoudelijk voor bijzonder lastige keuzes zullen plaatsen.

De antropologische speculaties in de voorafgaande hoofdstukken hebben ons geleerd dat de drie antropologische grondwetten van Plessner hun geldigheid vooralsnog niet hebben verloren, maar in het tijdperk van de versmeltende technologieën wel een radicalisering ondergaan. Waar er in de eerste wet sprake is van de *natuurlijke kunstmatigheid* van de mens, daar lijkt zich in de extrahumanistische, transhumanistische en posthumanistische levensvormen in toenemende mate een *kunstmatige natuurlijkheid* af te tekenen. Deze nieuwe natuurlijkheid onderscheidt zich van de oude natuur doordat zij – zoals ik het in heideggeriaanse terminologie heb uitgedrukt – steeds meer ontwerp is dan geworpenheid. Dat betekent dat het onderscheid tussen natuur en technologie steeds meer uit het zicht raakt.

Het feit dat ook de mens steeds minder geworpen natuur en steeds meer ontworpen natuur aan het worden is, betekent niet dat hij steeds beter beheersbaar wordt. Integendeel! Weliswaar zijn wij (voorlopig) nog de ontwerpers, maar zoals de tweede antropologische wet van Plessner stelt, die van de *bemiddelde onmiddellijkheid*, krijgt de door ons ontworpen techniek altijd haar eigen gewicht. Naarmate we meer ontwerp zijn, zijn we ook steeds meer onderworpen aan haar onvoorziene en onvoorzienbare luimen. De oude techniek was onbeheersbaar voor zover haar effecten onvoorzien waren, maar de door kunstmatige natuurlijkheid gekenmerkte techniek die door de versmeltende technologieën letterlijk 'in het leven' wordt geroepen, is onvoorspelbaar omdat ze een eigen wil en agenda ontwikkelt. Bovendien wordt zij, naarmate ze onze ervaring met onze binnenwereld, buitenwereld en medewereld op een steeds fundamenteler wijze gaat bepalen, steeds onzichtbaarder voor ons. Zeker wanneer deze technologieën ons lichaam binnendringen en van daaruit onze 'grensrealisering' gaan reconfigureren, zal de tweede grondwet transformeren tot de wet van de *onmiddellijke bemiddeldheid*.

De derde antropologische wet van Plessner, die van het *utopische standpunt*, waarschuwt ons, op een radicalere wijze dan Plessner kon vermoeden, dat we niet al te optimistisch moeten zijn over de bijdragen die het extrahumanisme, transhumanisme en posthumanisme zullen leveren aan het menselijk geluk. Indien de excentrische positionaliteit van de mens wordt getransformeerd tot een polyexcentrische positionaliteit, lijkt de fundamentele existentiële thuisloosheid van de mens zich alleen nog maar te versterken. Dit *tragische standpunt* geeft het streven naar extra-, trans- en posthumanistische levensvormen een ironische dimensie (zie De Mul 2008c).

Maar misschien is die tragische positie wel tegelijkertijd onze grootste zegen, want juist onze excentriciteit maakt ons tot 'de eeuwig toekomstige', de schepper van een onafzienbare reeks culturele en technologische werelden. Wanneer we onze excentriciteit zouden elimineren, zouden we onze humaniteit en de daarmee verbonden 'eeuwige toekomstigheid' verliezen.

Zoveel is zeker: het is ons vanwege onze excentrische levensvorm niet gegeven *niet* technisch te zijn. Al was het maar vanwege het feit dat we ten minste sinds de Agrarische Revolutie steeds aangewezen zijn geweest op technologieën om de steeds groeiende wereldbevolking te voeden en van energie te voorzien. Veel van de technologieën die kunnen worden ingezet om nieuwe levensvormen te creëren, zijn eveneens ontstaan vanuit de praktische noodzaak om nieuwe manieren te vinden om voedsel en brandstof te produceren. Ook om die reden is het geen optie ons af te wenden van de technologie. Of zoals Ronald Dworkin het formuleert:

> We moeten niet weglopen voor de nieuwe verantwoordelijkheden en we moeten doen wat wij als stervelingen sinds de dagen van Prometheus steeds gedaan hebben: spelen met vuur en de consequenties daarvan aanvaarden. Het alternatief is lafheid in het aangezicht van het onbekende.
> (Dworkin 2000, 446)

Het biedt troost te bedenken dat de toekomst maar met één dag tegelijk komt. Zolang we maar niet vergeten dat het 2024 zal zijn voordat we het goed en wel beseffen.

Bibliografie

Aanen, D.K., en Boomsma, J.B. (2006), 'Social-insect Fungus Farming', *Current Biology*, 16 (24), 1014-16.

Aas, Katja Franko (2004), 'From Narrative to Database: Technological Change and Penal Culture', *Punishment Society*, 6 (4), 379-93.

Achterhuis, H. (1998), *De erfenis van de utopie* (Baarn: Ambo).

Arai, J., e.a. (2009), 'Transgenerational Rescue of a Genetic Defect in Long-Term Potentiation and Memory Formation by Juvenile Enrichment', *The Journal of Neuroscience*, 29 (5), 1496-502.

Aristoteles (1984), *The Complete Works of Aristotle: The Revised Oxford Translation*, 2 vol. (Princeton, N.J.: Princeton University Press).

Asimov, Isaac (1950), *I, Robot* (New York: Gnome Press).

Azuma, Hiroki (2009), *Otaku: Japan's Database Animals* (Minneapolis: University of Minnesota Press).

Barbieri, Marcello (2009), 'A Short History of Biosemiotics', *Biosemiotics*, 2, 2: 221-45.

Bedau, Mark A. (2003), 'Artificial Life: Organization, Adaptation and Complexity from the Bottom Up', *Trends in Cognitive Sciences*, 7 (11), 505-12.

Benner, S.A., Hutter, D., en Sismour, A.M. (2003), 'Synthetic Biology with Artificially Expanded Genetic Information Systems: From Personalized Medicine to Extraterrestrial Life', *Nucleic Acids Res Suppl* (3), 125-26.

Bennett, M.R., en Hacker, P.M.S. (2003), *Philosophical Foundations of Neuroscience* (Malden, MA: Blackwell).

Bennett, Maxwell, e.a. (2007), *Neuroscience and Philosophy: Brain, Mind, and Language* (New York: Columbia University Press).

Bio-SPICE, <http://bioSPICE.lbl.gov/>.

Boomen, M. van den (2014), 'Transcoding the Digital: How Metaphors Matter in New Media' (Amsterdam: Institute of Network Cultures).

Borges, Jorge Luis (1973), *De Zahir* (Amsterdam: De Bezige Bij).

Bradley, Chris (2014), 'Bigender, Cisgender, Two-spirit: Which of Facebook's New 50 Options Are You?', <http://www.mirror.co.uk/news/technology-science/technology/facebook-gender-option-facebooks-new-3144022#ixzz2tkaHs266>, geraadpleegd op 18 februari.

Brockman, John (red.) (2008), *Life: What a Concept!* (New York: Edge Foundation).
Buskes, Christiaan Jozef Joannes (2006), *Evolutionair denken: De invloed van Darwin op ons wereldbeeld* (Amsterdam: Nieuwezijds).
Campbell, Ginger (2011), 'Interview with Miguel Nicolelis', *Brain Science Podcast*, <http://brainsciencepodcast.com/bsp/miguel-nicolelis-md-phd-bsp-79.html>.
Carr, Nicholas G. (2010), *The Shallows: What the Internet Is Doing to Our Brains* (New York: W.W. Norton).
Cascio, Jamais, 'The Rise of the Participatory Panopticon', <http://www.worldchanging.com/archives/002651.html>.
Chaisson, Eric (2001), *Cosmic Evolution: The Rise of Complexity in Nature* (Cambridge, Mass.: Harvard University Press).
Chaminade, Thierry, en Stout, Dietrich (2012), 'Stone Tools, Language and the Brain in Human Evolution', *Philosophical Transactions of the Royal Society*, 367 (1558), 75-87.
Charrier, Cécile, e.a. (2012), 'Inhibition of SRGAP2 Function by Its Human-Specific Paralogs Induces Neoteny During Spine Maturation', *Cell*, 149 (4), 923-35.
Chomsky, N. (2004), 'Language and Mind: Current Thoughts on Ancient Problems, Part I & Part II', in Lyle Jenkins (red.), *Variation and Universals in Biolinguistics* (Amsterdam: Elsevier), 379-405.
Christian, David (2004), *Maps of Time: An Introduction to Big History* (Berkeley: University of California Press).
Clayton, Philip, en Davies, P.C.W. (2006), *The Re-emergence of Emergence: The Emergentist Hypothesis from Science to Religion* (Oxford/New York: Oxford University Press).
Cohn, David (2005), 'Open Source Biology Evolves', *Wired*, (17 januari).
Coolen, Maarten (1992), *De machine voorbij: Over het zelfbegrip van de mens in het tijdperk van de informatietechniek* (Amsterdam: Boom).
Crutzen, P.J. (2002), 'Geology of Mankind', *Nature*, 415, 23.
Daily Mail, 'Doctors Stunned by the Twins Who Share the Same Brain, Can Hear Each Other's Thoughts and See through Each Other's Eyes', <http://www.dailymail.co.uk/news/article-1331769/Doctors-stunned-conjoined-twins-share-brain-thoughts.html#ixzz2tUhI85yt >, geraadpleegd op 16 februari 2014.
Damasio, Antonio R. (2003), *Looking for Spinoza: Joy, Sorrow, and the Feeling Brain* (Orlando, Fla.: Harcourt).

– (2010), *Self Comes to Mind: Constructing the Conscious Brain* (New York: Pantheon Books).
Darnovsky, Marcy (2013), 'A Slippery Slope to Human Germline Modification', *Nature*, 499 (127).
Darwin, Charles (1888), 'Letter to Moritz Wagner', *Obituary Notices of the Proceedings of the Royal Society*, 44.
– (2000), *Over het ontstaan van soorten door middel van natuurlijke selectie, of het behoud van bevoordeelde rassen in de strijd om het leven* (Amsterdam: Nieuwezijds).
Davies, Paul (2006), 'When Computers Take Over: What if the Current Exponential Increase in Information-processing Power Could Continue Unabated?', *Nature*, 440 (March 23).
Dawkins, Richard (1976), *The Selfish Gene* (Oxford: Oxford University Press).
– (1986), *The Blind Watchmaker* (New York: Norton).
Dennett, Daniel C. (1995), *Darwin's Dangerous Idea: Evolution and the Meanings of Life* (London: Allen Lane, The Penguin Press).
Dennis, Megan Y., e.a. (2012), 'Evolution of Human-Specific Neural SRGAP2 Genes by Incomplete Segmental Duplication', *Cell*, 149 (4), 912-22.
Descartes, René (1989), *Meditaties* (Amsterdam: Boom).
Devlin, Keith (1991), *Logic and Information* (Cambridge: Cambridge University Press).
Dilthey, W. (1914-2005), *Gesammelte Schriften* (Stuttgart/Göttingen: B.G. Teubner, Vandenhoeck & Ruprecht).
Draaisma, Douwe (2011), 'It's All Right, I'm a Doctor', *De Academische Boekengids* (september), 10-12.
Dworkin, R.M. (2000), *Sovereign Virtue: The Theory and Practice of Equality* (Cambridge, Mass.: Harvard University Press).
Dyson, Freeman J. (1999), *The Sun, the Genome and the Internet: Tools of Scientific Revolutions* (The New York Public Library & Oxford University Press).
– (2007), 'Our Biotech Future', *The New York Review of Books*, 54 (12).
el-Hani, Charbel Nino, en Pereira, Antonio Marcos (2000), 'Higher-level Descriptions: Why Should We Preserve Them?', in Peter Bøgh Andersen, e.a. (red.), *Downward Causation: Minds, Bodies and Matter (Conceptual Foundations of Emergence Theory* 29; Aarhus: Aarhus University Press), 118-42.
Eldredge, N., en Gould, S.J. (1972), 'Punctuated Equilibria: An Alternative to Phyletic Gradualism', in Thomas J.M. Schopf (red.), *Models in Paleobiology* (San Francisco: Freeman), 82-115.
Emmeche, Claus (1991), *The Garden in the Machine: The Emerging Science of Artificial Life* (Princeton: Princeton University Press).

Est, Rinie van, e.a. (2009a), 'Making Perfect Life: Bio-engineering in the 21st Century, Interim Study' (Brussels: STOA – Science and Technology Options Assessment).

– (2009b), *Mens van de toekomst – mens zonder toekomst: Mensverbetering in cultureel, politiek en technologisch perspectief* (Den Haag: Rathenau Instituut).

ETC Group (2007), *Extreme Genetic Engineering: An Introduction to Synthetic Biology* (Toronto: Action Group on Erosion, Technology, and Concentration).

Fleischer, J.G., en Edelman, G.M. (2009), 'Brain-based Devices: An Embodied Approach to Linking Nervous System Structure and Function Behavior', *IEEE Robotics & Automation Magazine* (september), 33-42.

Freud, S. (2006), *Werken* (Amsterdam: Boom).

Frissen, Valerie (2004), *De domesticatie van de digitale wereld* (Rotterdam: Erasmus Universiteit).

Gezondheidsraad, RGO en KNAW (2008), 'Synthetische biologie: kansen creëren' (Den Haag: Gezondheidsraad).

Gibson, Daniel G., e.a. (2008), 'Complete Chemical Synthesis, Assembly, and Cloning of a Mycoplasma genitalium Genome', *Science*, 319 (5867), 1215-20.

Gibson, D.G., e.a. (2010), 'Creation of a Bacterial Cell Controlled by a Chemically Synthesized Genome', *Science* 329 (5987), 52-6.

Gilbert, Daniel Todd (2006), *Stumbling on Happiness* (New York: A.A. Knopf).

Gould, Stephen Jay (1985), *The Flamingo's Smile: Reflections in Natural History* (New York: Norton).

– (1991), *Wonderlijk leven: Over toeval en evolutie* (Amsterdam: Contact).

Gould, Stephen Jay, en Vrba, Elizabeth S. (1982), 'Exaptation: A Missing Term in the Science of Form', *Paleobiology* 8(1), 4-15.

Gray, Peter B. (2010), 'The Evolution and Endocrinology of Human Behavior: a Focus on Sex Differences and Reproduction', in Michael P. Muehlenbein (red.), *Human Evolutionary Biology* (Cambridge, UK: Cambridge University Press.), 277-92.

Greene, B. (2011), *The Hidden Reality: Parallel Universes and the Deep Laws of the Cosmos* (New York: Alfred A. Knopf).

Grosveld, Frank, en De Mul, Jos (2010), 'Opvoeding en omgeving kunnen net als eigenschappen erfelijk zijn', *de Volkskrant*, 3 april, sec. Het Vervolg, 10.

Gualeni, Stefano (2011), 'What Is It Like to Be a (Digital) Bat?', *Proceedings of the 2011 Games and Philosophy Conference, April 6-9, 2011* (Athens: Panteion University of Athens).

Gutiu, Sinziana (2012), 'Sex Robots and Roboticization of Consent', <http://robots.law.miami.edu/wp-content/uploads/2012/01/Gutiu-Roboticization_of_Consent.pdf>.

Hardesty, Larry (2014), 'Surprisingly Simple Scheme for Self-assembling Robots', <http://web.mit.edu/newsoffice/2013/simple-scheme-for-self-assembling-robots-1004.html>, geraadpleegd op 18 februari.

Harpold, Terry (1994), 'Conclusions', in George P. Landow (red.), *Hyper/Text/Theory* (Baltimore: John Hopkins University Press), 189-222.

Hayles, N. Katherine (2002), *Writing Machines* (Cambridge: The MIT Press).

Hazen, Robert M. (2005), *Genesis: The Scientific Quest for Life's Origin* (Washington, DC: Joseph Henry Press).

Heidegger, Martin (1967), *Vorträge und Aufsätze* (Pfullingen: Neske).

Heim, M. (1993), *The Metaphysics of Virtual Reality* (New York: Oxford University Press).

Heselmans, Marianne (2008), 'Gedegen gemanipuleerd', *NRC Handelsblad*, 27-28 september, sec. *Wetenschap*, 8-9.

Heylighen, F. (2012), 'Conceptions of a Global Brain: An Historical Review', in Barry Rodrigue en Andrey Korotayev (red.), *From Big Bang to Global Civilization: A Big History Anthology* (University of California Press).

Hijnk, Marc (2013), 'Maak je lichaam slim', *NRC Handelsblad*, 27 juli, sec. *Economie*, 6-7.

Hildebrandt, Mireille (2009), 'Who Is Profiling Who? Invisible Visibility', in Serge Gutwirth e.a. (red.), *Reinventing Data Protection?* (Springer Netherlands), 239-52.

Hoppe, Nils (2009), *Bioequity: Property and the Human Body* (Burlington, VT: Ashgate Pub.).

Horikawa, T., e.a. (2013), 'Neural Decoding of Visual Imagery During Sleep', *Science*, 340 (6132), 639-42.

Houellebecq, Michel (1999), *Elementaire deeltjes* (Amsterdam: De Arbeiderspers).

– (2005), *Mogelijkheid van een eiland* (Amsterdam: De Arbeiderspers).

Husserl, E. (1950-52), 'Ideen zu einer reinen Phänomenologie und phänomenologischen Philosophie', *Husserliana* (III, IV, V; Den Haag).

Johnson, Brian R., en Lam, Sheung Kwan (2010), 'Self-organization, Natural Selection, and Evolution: Cellular Hardware and Genetic Software', *BioScience* 879, 60 (11), 879-85.

Johnston, John (2008), *The Allure of Machinic Life: Cybernetics, Artificial Life, and the New AI* (Cambridge, MA: MIT Press).

Jong, J.B. de (red.) (2011), *Kenniskamer Intelligente Robots* (Den Haag: Ministerie van Veiligheid en Justitie & Rathenau Instituut).

Joyce, Gerald F. (1995), 'The RNA World: Life before DNA and Protein', in Ben

Zuckerman en Michael H. Hart (red.), *Extraterrestrials – Where Are They?* (Cambridge/New York: Cambridge University Press), 139-51.

Kant, I. (1981), 'Logik', *Theorie-Werkausgabe* (VI; Frankfurt am Main: Suhrkamp), 417-582.

Katarzyna, Adamala, en Szostak, Jack W. (2013), 'Nonenzymatic Template-Directed RNA Synthesis Inside Model Protocells', *Science* (29 november).

Kauffman, Stuart A. (1993), *The Origins of Order: Self-organization and Selection in Evolution* (New York: Oxford University Press).

– (1995), *At Home in the Universe: The Search for Laws of Self-organization and Complexity* (New York: Oxford University Press).

Keijzer, Fred (2010), *Filosofie van de toekomst: Over nut en noodzaak van sciencefiction* (Rotterdam: Lemniscaat).

Kelly Burns, J.D., en Bechara, Antoine (2007), 'Decision Making and Free Will: A Neuroscience Perspective', *Behavioral Sciences & the Law, Special Issue: Free Will*, 25 (2), 263 – 80.

Kelly, Kevin (1994), *Out of Control* (Reading, MA: Addison-Wesley).

Keymolen, E. (2007), *Onzichtbare zichtbaarheid: Helmuth Plessner ontmoet profiling* (Master thesis, Erasmus University).

Keymolen, E., en Broeders, D. (2013), 'Innocence Lost: Care and Control in Dutch Digital Youth Care', *British Journal of Social Work*, 43 (1), 41-63.

Köhler, Wim (2014), 'Verstopt in de ruis van het genoom', NRC *Handelsblad*, 11-12 januari, sec. *Wetenschap*, 4-5.

Koops, B.-J., e.a. (red.) (2013), *Engineering the Human* (Berlin: Springer-Verlag).

Krichmar, Jeffrey L., en Edelman, Gerald M. (2010), 'Design Principles and Constraints Underlying the Construction of Brain-Based Devices', *Neural Information Processing: Lecture Notes in Computer Science*, 4985, 157-66.

Kull, K., e.a. (2009), 'Theses on Biosemiotics – Prolegomena to a Theoretical Biology', *Biological Theory* 4(2), 167–73.

Kurzweil, Ray (2005), *The Singularity Is Near: When Humans Transcend Biology* (New York: Viking).

Lahav, Noam (1999), *Biogenesis: Theories of Life's Origin* (New York: Oxford University Press).

La Mettrie, Julien Offray de (1978), *De mens een machine* (Amsterdam: Boom).

Lanier, Jaron (2010), *You Are Not a Gadget: A Manifesto* (New York: Alfred A. Knopf).

– (2013), *Who Owns the Future?* (New York: Simon & Schuster).

Lartigue, C., e.a. (2007), 'Genome Transplantation in Bacteria: Changing One Species to Another', *Science*, 317, 632-38.

Latour, Bruno (2002), 'Moraal en technologie: Het einde der middelen', *Krisis: Tijdschrift voor empirische filosofie*, 3 (3), 3-17.

Lomas, Natasha, 'Amazon Patents "Anticipatory" Shipping – To Start Sending Stuff Before You've Bought It', <http://techcrunch.com/2014/01/18/amazon-pre-ships/>, geraadpleegd op 16 februari 2014.

Lovejoy, Arthur O. (1936), *The Great Chain of Being: A Study of the History of an Idea* (Cambridge, Mass.: Harvard University Press).

Luisi, P.L. (2006), *The Emergence of Life: From Chemical Origins to Synthetic Biology* (Cambridge: Cambridge University Press).

MacLaren, Robert E., e.a. (2014), 'Retinal Gene Therapy in Patients with Choroideremia: Initial Findings from a Phase 1/2 Clinical Trial', *The Lancet*.

Manovich, Lev (2002), *The Language of New Media* (Cambridge, Mass.: MIT Press).

Marquard, O. (1981), *Abschied vom Prinzipiellen: Philosophische Studien* (Stuttgart: Reclam).

Maturana, Humberto R., en Varela, Francisco J. (1980), *Autopoiesis and Cognition: The Realization of the Living* (Dordrecht, Holland; Boston: D. Reidel Pub. Co.).

Mayer-Schönberger, Viktor, en Cukier, Kenneth (2013), *Big Data: A Revolution That Will Transform How We Live, Work, and Think* (Boston: Houghton Mifflin Harcourt).

McGinn, C. (1995), 'Can We Solve the Mind-Body Problem?', in W.E. Lyons (red.), *Modern Philosophy of Mind* (London, Rutland, Vt.: J.M. Dent; Charles E. Tuttle Co.), 272-96.

McLuhan, M. (1964), *Understanding Media: The Extensions of Man* (New York: McGraw-Hill).

Mensvoort, Koert van, en Grievink, Hendrik-Jan (red.) (2012), *Next Nature: Nature Changes Along With Us* (Barcelona/New York: Actar).

Montaigne, M. de (2004), *Essays*, vert. Frank de Graaff (Amsterdam: Boom).

Moravec, H. (1988), *Mind Children: The Future of Robot and Human Intelligence* (Cambridge: Harvard University Press).

Mori, M. (1970/2012), 'The Uncanny Valley', in *IEEE Robotics & Automation Magazine*, 19 (2), 98-100.

Mul, Elize de (2013a), 'Toon me je data en ik zal zeggen wie je bent', *MeMachine* website, <http://memachine.nl/?p=359; http://memachine.nl/?p=963; http://memachine.nl/?p=1162>.

Mul, Jos de (1999), 'Transhumanisme – de convergentie van evolutie, humanisme en informatietechnologie', in G. van Dijk en André Hielkema (red.),

De menselijke maat: Humaniteit en beschaving na 2000 (Amsterdam: De Arbeiderspers), 154-89.
- (2004), *The Tragedy of Finitude: Dilthey's Hermeneutics of Life* (New Haven/London: Yale University Press).
- (2008a), 'Wittgenstein 2.0: Philosophical Reading and Writing after the Mediatic Turn', in Alois Pichler en Herbert Hrachovec (red.), *Wittgenstein and Information Theory* (Wien: AWLS), 157-83.
- (2008b), 'Overlast en overleven', in Valerie Frissen en Jos de Mul (red.), *De draagbare lichtheid van het bestaan: Het alledaagse gezicht van de informatiesamenleving* (Kampen: Klement), 166-83.
- (2008c), *De domesticatie van het noodlot: De wedergeboorte van de tragedie uit de geest van de technologie* (derde druk; Kampen: Klement).
- (2009a), 'The Work of Art in the Age of Digital Recombination', in J. Raessens, e.a. (red.), *Digital Material: Anchoring New Media in Daily Life and Technology* (Amsterdam University Press), 95-106.
- (2009b), 'Zeitenwende: Wie die digitale Revolution unsere Wahrnehmung von Geschichte verändert', *Kulturaustausch: Zeitschrift für internationale Perspektiven*, 59 (3), 76.
- (2010), *Cyberspace Odyssee* (zesde druk; Kampen: Klement).
- (2013), 'Understanding Nature: Dilthey, Plessner and biohermeneutics', in G. D'Anna, H. Johach en E.S. Nelson (red.), *Dilthey, Anthropologie, und Geschichte* (Würzburg: Königshausen & Neumann), 459-78.

Mul, Jos de, en Van den Berg, Bibi (2010), 'De afstandsbediening van de autonomie: Computergemedieerd handelen en morele verantwoordelijkheid', in Marli Huijer en Martijntje Smits (red.), *Moralicide: Nieuwe morele vocabulaires voor technologie* (Kampen: Klement), 36-54.

Musil, Robert (1978), *De man zonder eigenschappen* (Amsterdam: Meulenhoff).

Nagel, Thomas (1974), 'What Is It Like to Be a Bat?', *The Philosophical Review*, 83, 435-50.

Neergaard, Lauren (2011), 'Paralyzed Man Uses Computer Arm to Touch', <http://www.nbcnews.com/id/44843896/ns/health-mens_health/#.USZ8D9LUK6M>, geraadpleegd op 10 november 2013.

Nicolelis, Miguel (2011), *Beyond Boundaries: The New Neuroscience of Connecting Brains with Machines – And How It Will Change Our Lives* (New York: Times Books/Henry Holt and Co.).

Nietzsche, Friedrich (1980), *Genealogie der moraal* (Amsterdam: De Arbeiderspers).

Noble, Denis (2006), *The Music of Life: Biology beyond the Genome* (Oxford/New York: Oxford University Press).

– (2008), 'Genes and Causation', *Philosophical Transactions of the Royal Society*, 366, 3001-15.

Panksepp, Jaak (1998), *Affective Neuroscience: The Foundations of Human and Animal Emotions* (New York: Oxford University Press).

Panksepp, Jaak, en Biven, Lucy (2012), *The Archaeology of Mind: Neuroevolutionary Origins of Human Emotions* (New York: W.W. Norton).

Pembrey, M.E., e.a. (2006), 'Sex-specific, Male-line Transgenerational Responses in Humans', *European Journal of Human Genetics*, 14 (2), 159-66.

Petrie, Hugh G. (2011), *The Dilemma of Enquiry and Learning* (Hayward, CA: Living Control Systems Pub.).

Picard, Rosalind W. (1997), *Affective Computing* (Cambridge, Mass.: MIT Press).

Pinheiro, Vitor B., e.a. (2012), 'Synthetic Genetic Polymers Capable of Heredity and Evolution', *Science*, 336 (6079), 341-44.

Plato (1980), *Verzameld Werk* (Baarn).

Plessner, H. (1975), *Die Stufen des Organischen und der Mensch: Einleitung in die philosophische Anthropologie (Gesammelte Schriften*, IV; Frankfurt: Suhrkamp).

Poll, Wilfred van de (2013), 'Meer data, minder vrij', *Trouw*, 28 december.

Prüfer, Kay, e.a. (2013), 'The Complete Genome Sequence of a NEANDERTHAL from the Altai Mountains', *Nature*.

Rathenau Instituut, 'Convergerende technologieën', <http://www.rathenau.nl/themas/thema/project/convergerende-technologieen.html>.

Reardon, Sara (2012), 'The Humanity Switch', *New Scientist (AU/NZ)*, (2864), 10-11.

Redeker, H. (1995), *Helmuth Plessner of de belichaamde filosofie* (Delft: Eburon).

Reeves, Byron, en Nass, Clifford Ivar (1996), *The Media Equation: How People Treat Computers, Television, and New Media Like Real People and Places* (Stanford, Calif./New York: CSLI Publications /Cambridge University Press).

Ricoeur, Paul (1990), *Soi-même comme un autre* (Paris: Seuil).

Rizzolatti, Giacomo, en Sinigaglia, Corrado (2008), *Mirrors in the Brain: How Our Minds Share Actions and Emotions* (Oxford/New York: Oxford University Press).

Rootselaar, Florentijn van (2014), 'Mens en robot verschillen niet zo veel', interview met Daniel Dennett', *Trouw*, 14 januari.

Russel, Peter (2014), 'The Evolution of Consciousness', <http://www.peterrussell.com/SCG/EoC.php>, geraadpleegd op 13 februari.

Sahlins, Marshall (1972), 'The Original Affluent Society', *Stone Age Economics* (Chicago: Aldine-Atherton).

Sample, Ian (2010), 'Craig Venter Creates Synthetic Life Form', *The Guardian*, 20 mei.

Sandel, Michael J. (2007), *The Case against Perfection: Ethics in the Age of Genetic Engineering* (Cambridge, Mass.: Belknap Press of Harvard University Press).

Savulescu, Julian, en Bostrom (red.) (2009a), *Human Enhancement* (Oxford/New York: Oxford University Press).

– 'The Wisdom of Nature: An Evolutionary Heuristic for Human Enhancement', in Julian Savulescu en Nick Bostrom (red.), *Human Enhancement* (Oxford/New York: Oxford University Press), 375-416.

Schilbach, L. (2010), 'A Second-person Approach to Other Minds', *Nature Reviews Neuroscience* (June), 449.

Schrödinger, Erwin (1992), *What Is Life? The Physical Aspect of the Living Cell, with Mind and Matter & Autobiographical Sketches* (Cambridge/New York: Cambridge University Press).

Sherwin, Adam (2013), 'Google's Future: Microphones in the Ceiling and Microchips in Your Head', *The Independent*, 9 december.

Shiva, Vandana (2004), *De feiten over biopiraterij* (Rotterdam: Lemniscaat).

Silver, Lee M. (1997), *Remaking Eden: Cloning and beyond in a Brave New World* (New York: Avon Books).

Spiteri, E., e.a. (2007), 'Identification of the Transcriptional Targets of FOXP2, a Gene Linked to Speech and Language, in Developing Human Brain', *Am. J. Hum. Genet*, 81 (6), 1144–57.

Swaab, Dick (2010), *Wij zijn ons brein: Van baarmoeder tot alzheimer* (Atlas/Contact).

Tamir, Diana I., en Mitchell, Jason P. (2012), 'Disclosing Information about the Self Is Intrinsically Rewarding', *PNAS*, 109 (21).

Terranova, Tiziana (2000), 'Free Labor: Producing Culture for the Digital Economy', *Social Text*, 18 (2), 33-58.

Thompson, Evan (2007), *Mind in Life: Biology, Phenomenology, and the Sciences of Mind* (Cambridge, Mass.: Harvard University Press).

Turing, Alan (1950), 'Computing Machinery and Intelligence', in *Mind*, 59, 433-460.

Varela, F.J. (1996), 'Neurophenomenology: A Methodological Remedy for the Hard Problem', *Journal of Consciousness Studies*, 3 (4), 330-49.

Venter, J. Craig (2007), 'A DNA-driven World – the 32nd Richard Dimbleby Lecture', <http://www.bbc.co.uk/print/pressoffice/pressreleases/stories/2007/12_december/05/dimbleby.shtml>.

Verbeek, Peter-Paul (2011), *De grens van de mens: Over techniek, ethiek en de menselijke natuur* (Rotterdam: Lemniscaat).

Waal, Frans de (2007), *De aap en de filosoof: Hoe de moraal is ontstaan* (Amsterdam: Contact).

Walker, Sara Imari, Cisneros, Luis, en Davies, Paul C.W. (2012), 'Evolutionary Transitions and Top-Down Causation', *Proceedings of Artificial Life*, XIII, 283-90.

Wittgenstein, L. (1975), *Philosophische Untersuchungen* (Frankfurt a/M).

Zvelebil, Marketa J., en Baum, Jeremy O. (2008), *Understanding Bioinformatics* (New York: Garland Science/Taylor & Francis Group).

Verantwoording en dank

In dit essay zijn van twee eerder gepubliceerde teksten substantiële delen in bewerkte vorm overgenomen:

- 'PedoBot® is niet boos, maar wel verdrietig (en soms opgewonden): Over intelligente robots, emoties en sociale interactie', in J.B. de Jong (red.), *Kenniskamer Intelligente Robots*, Den Haag: Ministerie van Veiligheid en Justitie en Rathenau Instituut, 2011, 56-63.
- 'Ziedende bintjes 3.0: Van biologie naar technologie en weer terug', in Valerie Frissen en Jop Esmeijer, *Omzien naar de toekomst: Jaarboek ICT en samenleving 2008/09*, Gorredijk: Media Update Vakpublicaties, 2008, 253-272. Verwijzingen naar ontwikkelingen in de biotechnologie na 2008 zijn ontleend aan de geactualiseerde Engelse vertaling van deze tekst die verscheen onder de titel 'eLife: From Biology to Technology and Back Again', in P. Bruno en S. Campbell (red.), *The Science, Politics and Ontology of Life-Philosophy*, London: Bloomsbury, 2013, 93-107.

Het is ondoenlijk om iedereen met wie ik in de afgelopen jaren over de hier besproken thema's van gedachten heb mogen wisselen, hier te vermelden. De volgende personen wil ik echter persoonlijk danken. De moleculair bioloog Frank Grosveld (Erasmus Medisch Centrum) en voormalig promovenda Bibi van den Berg (inmiddels als UHD werkzaam bij eLaw, Universiteit Leiden) dank ik voor de inspirerende gesprekken die onder meer hebben geleid tot enkele gemeenschappelijke publicaties, waaruit ik bij het schrijven dankbaar heb geput (zie de bibliografie). Astrofysicus Piet Hut, mijn gastheer aan het Institute for Advanced Study in Princeton, dank ik niet alleen voor de boeiende gesprekken die we hebben gevoerd over de oorsprong van het leven, Husserl en virtuele werelden, maar ook voor zijn deskundige commentaar op de conceptversie van dit essay.

De intelligente *zwermgeest*, bestaande uit mijn Rotterdamse collega Awee Prins, promovenda Esther Keymolen, student-assistent Julien Kloeg en mijn dochter – en inmiddels Leidse collega – Elize de Mul, dank ik hartelijk voor de vele inspirerende opmerkingen en suggesties tijdens het schrijven van de tekst. Tijn Boon van uitgeverij Lemniscaat ben ik erkentelijk voor zijn redactionele toewijding en enthousiaste aanmoedigingen op de juiste momenten. En Gerry dank ik voor het delen van het allergrootste mysterie van het leven dat liefde heet.